KB214160

예수 한의원

모든 것을 치료하시는 하나님

예수 한의원

모든 것을 치료하시는 하나님

최동환 지음

베드로서원

너희가 너희 하나님 나 여호와의 말을 들어 순종하고
내가 보기에 의를 행하며 내 계명에 귀를 기울이며
내 모든 규례를 지키면 내가 애굽 사람에게 내린
모든 질병 중 하나도 너희에게 내리지 아니하리니
나는 너희를 치료하는 여호와임이라.

(출애굽기 15:26)

【추천사】

맑은 미소를 띤 최동환 집사님(최동환 원장은 구리 행복한 교회의 집사로 섬기고 있다)께서 책을 출간한다는 소식을 듣게 되었습니다. 열심히 신앙생활하면서 최선을 다하여 삶을 살아가고 있는 모습이 귀하였기에 그의 출간소식이 참 기뻤습니다. 또한 글 안에서 묻어날 신앙의 고백이 사뭇 기대되기도 하였습니다.

그가 행복한 교회에 등록한 후 3년여 시간 동안 많은 일들이 그의 삶 속에 일어났습니다.

하나님께서 최동환 집사님 가정에 예쁜 딸과 최동환 집사님을 꼭 닮은 아들, 그리고 태중에 세 번째 아이까지 선물해 주셨습니다.

또한 그의 삶의 터전이라고 할 수 있는 한의원의 이름을 "최동환 한의원"에서 "예수한의원"으로 개명하였습니다. 주님을 삶의 최우선으로 삼는 그의 신앙고백을 담아 '예수한의원'이란 이름으로 바꾼 것입니다.

최동환 집사님과 함께하면서 목사로서 이런 생각을 갖게 되었습니다. 그는 이 시대에서 쉽게 만날 수 없는 맑은 영혼을 지닌 신앙인이요, 한의사라는 것입니다. 그의 진솔한 신앙고백과 삶의 고백을 책 속에서도 만날 수 있었습니다.

그는 일상의 삶 속에서 느낀 세미한 감정을 다정스레 대화하듯이 책 속에 채워 나갔습니다. 그 글을 읽으면서 때로는 가슴 뭉클하게, 때로는 저미는 아픔으로 그의 삶과 신앙을 공유할 수 있었습니다. 무엇보다 목회자가 아닌 평신도로서 삶의 목적이 분명하고 예수 그리스도를 위해 헌신하고자 하는 모습이 목회자인 저에게도 많은 도전을 주었습니다.

멋진 비전의 사람, 믿음의 사람, 외유내강의 심성을

지닌 저자가 앞으로 이루어 나갈 꿈을 확인하는 출발이 이 책의 출간이 아닌가 생각해 봅니다.

또한 이 책은 세계선교와 의료선교를 꿈꾸는 한의사, 최동환 집사님의 비전을 향한 시작점이 될 것입니다.

하나님께서 기뻐하시는 삶의 목적이 담긴 이 책이 하나님의 도구로 쓰임 받기 소원하는 크리스천 의료인, 평신도들, 목회자들에게까지 전해지기를 바라며 기쁘게 추천합니다.

2011년 3월

행복한교회 담임목사 임훈식

【프롤로그】

제가 평소에 갖고 있던 생각들을 글로 써 보았습니다. 마음의 부담과 힘을 빼고 일기를 적는 마음으로 정리한 것이 한 권의 책이 되었습니다.

젊은 한의사지만, 지금까지 인생을 살아오면서 겪었던 고난과 회심의 과정, 그리고 회복과 비전까지 많은 이야기를 담았습니다.

2007년 최동환 한의원을 개원하여 2010년 예수한의원으로 이름을 바꾸고 현재까지 진료하고 있습니다.

때로는 예수한의원이라는 이름이 자부심이 되기도

하고, 때로는 예수님 이름에 누가 되지 않을까 하는 마음이 공존합니다.

오늘 진료하면서도 느낀 것이지만 저는 죄가 많습니다. 인생을 살면서, 진료를 하면서, 의도하지 않은 죄를 지을 때가 있습니다. 가정에서도 마찬가지입니다. 많은 사람들에게 좋아 보이는 남편일 수 있지만, 저도 모르는 파편이 튄 적도 있습니다.

정말 주님이 돕지 않으시면 저는 아무것도 할 수 없는 존재라는 고백이 제 입에서 흘러나옵니다.

그가 찔림은 우리의 허물을 인함이요 그가 상함은 우리의 죄악을 인함이라 그가 징계를 받음으로 우리가 평화를 누리고 그가 채찍에 맞음으로 우리가 나음을 입었도다.(이사야 53:5)

이 말씀을 의지하며 새롭게 되고, 새롭게 나아갑니다.

예수한의원이라는 이름이 율법적인 부담감과 의무감이 아니라, 주님의 피흘리심을 의지하여 저 같은 죄인이 새롭게 되고, 자유함을 누리며 치료함을 받는 곳이 되기를 원합니다. 저 역시도 매일 기도하며 주님 앞에서 자유케 됩니다.

이 책을 통해 저의 경험을 많은 사람들과 공유하고 싶습니다. 책을 출간함에 있어서 사랑하는 아내와 가족, 그리고 나의 영원한 지지자 부모님께 감사합니다.

2011년 3월 봄의 시작을 느끼며

예수한의원 원장 최동환

C•O•N•T•E•N•T•S

두 번째 이야기 02 하나님의 인연

세 번째 이야기 03 나의 삶, 빛이 임하여 어둠이 물러가다

네 번째 이야기 04 모든 것의 완성 예수 그리스도

ㅅ는齒音이니如戌字初
생ᄒᆞ니並書ᄒᆞ면如邪
ㆆ字初發聲ᄒᆞ니라
ㅅ는니소리니戌字처섬펴아나
는소리ᄀᆞᄐᆞ니골ᄫᅡ쓰면邪ㆆ字
처섬펴아나는소리ᄀᆞᄐᆞ니라
ㅇ는喉音이니如挹字初
ㅅ는齒音이니如戌字初
생ᄒᆞ니並書ᄒᆞ면如邪
ㆆ字初發聲ᄒᆞ니라
ㅅ는니소리니戌字처섬펴아나
는소리ᄀᆞᄐᆞ니골ᄫᅡ쓰면邪ㆆ字
처섬펴아나는소리ᄀᆞᄐᆞ니라
ㅇ는喉音이니如挹字初
ㅅ는齒音이니如戌字初
생ᄒᆞ니並書ᄒᆞ면如邪
ㆆ字初發聲ᄒᆞ니라
ㅅ는니소리니戌字처섬펴아나
는소리ᄀᆞᄐᆞ니골ᄫᅡ쓰면邪ㆆ字
처섬펴아나는소리ᄀᆞᄐᆞ니라
ㅇ는喉音이니如挹字初
ㅅ는齒音이니如戌字初
생ᄒᆞ니並書ᄒᆞ면如邪
ㆆ字初發聲ᄒᆞ니라
ㅅ는니소리니戌字처섬펴아나
는소리ᄀᆞᄐᆞ니골ᄫᅡ쓰면邪ㆆ字
처섬펴아나는소리ᄀᆞᄐᆞ니라

첫번째 이야기

예수한의원

예수께서 가버나움에 들어가시니 한 백부장이 나아와 간구하여 이르되 주여 내 하인이 중풍병으로 집에 누워 몹시 괴로워하나이다 이르시되 내가 가서 고쳐 주리라 백부장이 대답하여 이르되 주여 내 집에 들어오심을 나는 감당하지 못하겠사오니 다만 말씀으로만 하옵소서 그러면 내 하인이 낫겠사옵나이다 예수께서 들으시고 놀랍게 여겨 따르는 자들에게 이르시되 내가 진실로 너희에게 이르노니 이스라엘 중 아무에게서도 이만한 믿음을 보지 못하였노라 예수께서 백부장에게 이르시되 가라 네 믿은 대로 될지어다 하시니 그 즉시 하인이 나으니라

(마태복음 8:5-8,10,13)

01

하나. "이 병이 낫게 되면 예수님을 믿기로 약속하시죠"

어느 토요일 저녁 9시쯤, 한의원에서 한의사들과 스터디를 하고 있는데 갑자기 문을 열면서 환자와 보호자가 들어와서 부탁을 합니다. 환자가 안절부절못하면서 말도 제대로 하지 못하고 호흡이 불안정한 상태입니다.

우선 원장실로 들어와서 몇 가지 질문을 하고 진찰을 하였습니다. 그 병은 식적(食積)으로 인한 식궐증으로 판단하였습니다. 그 자리에서 소부혈과 중저혈을 연결하는 침을 놓고 기도하자, 기가 통하면서 바로 안정을 찾았습니다. 앉지도 못하고 말도 잘 못하던 환자가, 의자에 앉아서 말도 할 수 있다며 얼굴에 화색이 돌았습니다.

사연을 들어보니 지금까지 4일간 밥도 먹지 못하고, 호흡곤란으로 응급실에도 갔다 왔는데 특별한 이상이 없다는 진단을 받고 힘들어하다가 한의원으로 오게 되었다고 합니다.

"이 병이 낫게 되면 예수님을 믿기로 약속하시죠." 병을 통해서 예수님을 믿고 영혼이 구원받는다면 이 병이 얼마나 큰 유익입니까. 그렇게 하기로 하고, 3개월간의 치료로 증세는 깨끗이 없어졌습니다. 3개월간 치료받는 중에도 환자는 이게 나을 수 있는 병인지, 과연 낫는 것인지 계속적으로 문의하고 의심하였지만 하나님은 치료하셨고, 환자는 기뻐하였습니다.

그러다가 약 1년이 지나서 얼마 전 다시 환자가 찾아왔습니다. 다시 증세가 발작하였다고 합니다. 아직 신앙생활을 하고 있지는 않으며, 치료를 시작하면서 이번에도 저는 동일하게 이야기하였습니다.

"이번에도 하나님이 치유하시면 정말 예수님을 믿으십시오."

사람들은 다 나름의 이유가 있습니다. 바쁘기도 하고, 일요일에 일을 해야 하는 직업이 있기도 하고…. 그러나 진짜 이유는 땅에 있는 것이 아니라 공중권세 잡은 영적인 세력의 싸움인 것입니다.

이 환자 분은 몇 일전에도 다시 저희 한의원 약을 먹으며 양방 정신과 치료를 병행하면서 다시 호전되었습니다. 주님께서 잘 인도하실 것을 바라봅니다.

너의 행사를 여호와께 맡기라 그리하면 네가 경영하는 것이 이루어지리라.(잠언 16:3)

둘. 여호와 라파, 치료하시는 하나님

올해 8월 필리핀으로 단기 의료선교를 다녀왔습니다. 우리 한의원 식구 장윤석 선생님, 김봉수 선생님과 환자이셨던 남정영 선생님을 비롯한 의료진 8명이 전주 주바울교회팀과 협력하여 다녀왔습니다.

이번 의료선교는 의료행위만 한 것이 아니라, 전도와 함께 의료선교가 이루어져 기쁩니다. 우선 진료를 하기 전에 복음을 전하고, 영접기도까지 한 후에 진료를 보는 것을 원칙으로 진행했습니다. 이틀간의 진료로 2천 명의 환자를 보았으니, 이 선교를 쓰신 하나님과 쓰임 받은 우리는 얼마나 행복한지요!

필리핀의 환경 탓에 소아과 환자, 안과 환자, 그리고 피부과 환자들이 많았습니다. 피부과 환자가 참 많이 오는데, 보통 피부가 곪아서 오는 환자들이 많습니다. 의료선교를 다녀오고 얼마 후에 그곳 담당자에게 연락이 왔는데 피부과 환자들이 모두 완치되었다는 소식이었습니다. 저보다 먼저 필리핀 의료선교를 다녀온 경험이 있던 홍승원 선생님이 그곳에서 치료하면 피부과 환자가 모두 완치된다는 이야기를 하셨었는데, 역시나 이번에도 놀라운 치료의 역사가 일어났습니다.

이르시되 너희가 너희 하나님 나 여호와의 말을 들어 순종하고 내가 보기에 의를 행하며 내 계명에 귀를 기울이며 내 모든 규례를 지키면 내가 애굽 사람에게 내린 모든 질병 중 하나도 너희에게 내리지 아니하리니 나는 너희를 치료하는 여호와임이라.(출애굽기 15:26)

여호와 라파, 치료하는 하나님이십니다.

이번 선교의 만남을 통해 하나님께서 저에게 강한 통찰력을 주셨습니다. 필리핀에서 필코리아교회(Phil-Korea Church)와 연합하여 사역을 진행했습니다. 교회

담임 목사님은 한국인 선교사이십니다. 제가 선교사님께 물었습니다.

"선교사님, 어떻게 필리핀에 오게 되셨습니까?"

"제가 전주에서 목회를 하고 있을 때, 교회에 큰 불이 났습니다. 그래서 저는 응급실에 가게 되었지요. 그 병원이 전주의 예수병원입니다. 그곳 예배실에서 예수님을 다시 한 번 깊이 만나고, 또 그 큰 예수병원을 안고 계시는 예수님을 직접 보았습니다. 그리고 예수님의 인도하심을 따라 필리핀에 오게 되었습니다."

'그래, 이것이구나!' 그 말을 듣는 순간 제 마음속 깊은 곳에서 영감과 감동이 올라왔습니다. 예전부터 예수님의 이름을 건 병원을 생각해 왔습니다. 그렇게 기도해 왔고, 앞으로도 세계에 예수님의 이름으로 병원을 세울 생각입니다. 그곳에 예배실을 만들고, 자유롭게 주님을 찬양하며, 예수님이 온전히 병원의 주인이 되시는 공간을 만들고 싶습니다. 선교사님의 말씀을 듣는 순간, 제 마음에 '그래, 이제 때가 되었구나'라는 확신이 오게 되었습니다.

2007년 5월에 최동환한의원이라는 이름으로 개원하여 진료를 해 오고 있었는데, 이제는 예수한의원으로 바꾸어야 할 때가 다가왔다는 생각을 하게 된 것이지요. 한국에 돌아와 최동환한의원에서 최동환이라는 이름만 빼고, 그 자리에 예수님의 이름을 넣었습니다.

마치, 예수님의 오실 길을 예비하고 사라졌던 세례요한이 된 기분입니다.

그는 흥하여야 하겠고 나는 쇠하여야 하리라 하니라.(요한복음 3:30)

셋. 내가 생각하는 병원

하나님께서 아브라함을 축복하시고 그 이름을 창대케 하신다 하셨습니다.

> 내가 너로 큰 민족을 이루고 네게 복을 주어 네 이름을 창대하게 하리니 너는 복이 될지라.(창세기 12:2)

예수 그리스도를 통하여 아브라함의 축복을 이어받는 그리스도인으로서 하나님께서 제 이름을 축복하실 것을 믿으며 2007년에 최동환한의원으로 개원하였습니다. 이때 몇가지 이름을 놓고 고민하였습니다.

'아브라함한의원은 어떨까? 최동환한의원...? 예수한의원?'

결국 최동환한의원으로 결정하고 진료를 해 오다가 2010년에 예수한의원으로 바꾸게 되었습니다.

가끔 천국에 대해 생각합니다. 천국에는 먹을거리 걱정이 없을 것입니다. 돈을 벌 걱정을 하지 않아도 됩니다. 혹 무얼 잘못했을까 고민할 필요도 없습니다. 그곳이 천국이죠. 천국이 우리가 살아가고 있는 세상과 다른 이유는 죄가 없기 때문입니다. 그곳에서는 한없이 하나님 품에 안기며 예수님과 이야기를 나눕니다. 사랑만 나누는 삶입니다.

우리는 죄를 용서받았습니다. 우리의 죄가 사하여진 이유는 오직 하나, 예수님의 십자가 때문입니다. 그래서 우리는 이 땅에서 천국을 누릴 수 있습니다.

저는 한의원에서 진료를 하면서, 치료를 하면서 저의 모든 행동을 선으로 바꾸실 주님 안에서 진료합니다. 죄인들이 십자가를 통해서 나아가는 곳이 천국입니다. 우리 모두는 죄가 많지만 십자가를 통해 천국의 문이 열렸습니다. 천국의 축복을 누릴 수 있는 예수한의원을 그려 봅니다.

넷. 선교사 최동환

제가 공중보건의(公衆保健醫)로 군대생활을 마쳤을 때입니다. 공중보건의를 마친 순간, 제 인생에서 참 오랜만에 풀타임으로 무엇을 할지 결정할 때가 찾아온 것입니다. 기도를 하기 시작했습니다.

'선교사로 갈 것인가?, 신학교를 갈 것인가?, 병원에 들어갈 것인가?, 한의원을 차릴 것인가…?'

지금 되돌아보면, 이 중에 무엇을 선택하든 그것은 크게 중요한 것이 아니었습니다. 어떤 중심으로 하느냐가 중요했겠지요.

요즘 환자분중에는 저를 선교사님이라 부르는 분이 계십니다. 저는 예전부터 중국에 선교사로 나가고 싶은 마음이 많았습니다. 기독교 학자들을 키워내고 싶었고,

캠퍼스에서 학생 전도와 양육을 해 오고 싶었기 때문에 연변과학기술대학교에 교수 선교사로 나가고 싶은 꿈이 있었습니다.

전주에 살 때는, 실제 연변과기대에서 전북대로 공부하러 온 성철이와 성경공부를 하며 전도하고, 사랑의 교제를 나누었습니다. 연변으로 의료선교를 가기도 했었고, 북한을 품고, 중국을 품을 수 있는, 그 땅에 관심이 많았습니다.

물론 지금도 언제 어디로 부르실지 알 수 없습니다. 갑자기 내일이라도 어떻게 일이 진행될지 모릅니다.

지금 저는 한국에서 예수한의원 원장으로 있습니다. 한국이라는, 송파라는 선교지에서 선교사로 일하고 있는 것입니다. 중국에 있거나, 이 땅에 있거나 상황만 다를 뿐 하나님과 나와의 관계, 하나님 나라에서의 제 가치는 동일하다고 생각합니다. 또한 제가 중국에 가더라도 이 땅에서처럼 동일하게 축복하실 것입니다. 대학생 선교단체에서 공부를 했고, 지금도 CMI, CMF, CCC 등의 선교단체와 협력하고 있습니다.

본격적으로 신앙생활을 깊게 시작할 즈음, 전인치유 수양회에서 한 목사님이 저에게 안수기도를 해 주시면서 의료선교사로 써 달라 기도하셨습니다. 그 기도를 들으면서 저와 상의 없이 그런 기도를 하신 것이 의아하기도 했지만, 한편으로는 기분이 좋았습니다.

'그래, 내가 의료선교사라… 좋다!'

이렇게 마음속에 선교사의 비전을 품어 왔고, 지금은 송파에서 선교사로 일하고 있습니다.

종종 어떤 일을 추진할 때나 혹은 어디론가 떠나고 싶을 때, 하나님은 지금 있는 바로 그 현장에서 그 일에 충실하길 원하신다는 느낌을 받고는 합니다. 지금 이곳에서 충실하고, 이곳에서 하나님의 일을 하는 사람이 다른 곳, 다른 일에서도 충실할 수 있을 겁니다.

최고의 선교지는 나의 가정, 나의 일터요, 내가 살아가는 이 지역이 최고의 선교지일 것입니다.

지극히 작은 것에 충성된 자는 큰 것에도 충성되고 지극히 작은 것에 불의한 자는 큰 것에도 불의하니라.(누가복음 16:10)

다섯. 예수한의원

예수한의원으로 이름을 바꾼 후 환자 분 한 분이 오셔서 저에게 이런 말씀을 하셨습니다.

"원장님, 참 대단하십니다. 예수한의원으로 이름을 이렇게 바꾸신 걸 보면, 한의원이 돈을 벌려는 목적이 아니라는 걸 알 수 있었어요." 또 어떤 환자 분은 이런 말씀을 하십니다.

"원장님, 예수한의원으로 이름을 바꿨다고 환자들이 떨어질 거란 생각은 하지 마세요~."

때로는 이런 말씀도 듣습니다.

"원장님, 원래 이름이 훨씬 좋아요."

"불교환자는 오지 말라는 건가…."

환자 분마다 다양한 반응을 보이십니다. '정말 좋다'

는 반응부터 '그 전 이름이 더 좋다', '너무 이름이 강해서 이단으로 몰리면 어떻게 하느냐'는 반응까지 다양합니다. 대부분 이런 말씀을 하시는 분들은 저를 아껴 주시고, 사랑해 주시는 분들입니다.

어느 날 기도를 하던 중 환자 분들 한 분 한 분에게 편지를 드리기로 마음먹었습니다. 아래는 편지 전문입니다.

안녕하십니까?

최동환한의원 원장 최동환입니다. 저희 한의원 이름이 최동환한의원에서 예수한의원으로 이름을 바꾸게 되었습니다.하지만 의료진과 간호사 분들은 동일합니다. 앞으로도 의료진이 바뀔 계획은 없습니다.

제가 전주에서 살다 올라왔는데, 전주에는 예수병원이라는 이름을 가진 병원이 있습니다. 예전부터 예수님의 이름으로 치료하고 사랑하는 병원을 꿈꿔 왔습니다. 종교를 떠나서, 저희 한의원에서 오시는 모든 분들에게 예수님의 사랑을 나누고, 놀라운 치료가 일어나기를 진심으로 바랍니다.

지금까지 최동환한의원을 찾아 주신 분들께 감사드리며, 앞으로도 정성을 다하겠습니다.

예수한의원 원장 최동환 올림

편지를 썼을 때, 이 글을 적어 내려가고 있는 지금, 모두 성령님의 인도하심을 받으며 움직이기 원합니다. 예수한의원이라는 이름도 기도하며 결정하였습니다. 앞으로도 마찬가지일 것입니다. 하나님 안에서 예수한의원으로 이름을 바꾼 것도 의미가 있지만, 어떤 중심과 목적으로 바꾸었고, 예수한의원에서 예수님을 닮아 어떻게 행하느냐가 중요할 것입니다.

요즘은 이런 이야기를 들을 때 가장 행복합니다.

"원장님, 예수한의원으로 바꾸니까 원장님이 더 예수님 같아요!"

여섯. 하나님, 그리고 치유의 통로 의사 최동환

"하나님, 제가 정말 사람의 병을 치유하는 의사가 맞나요?" 기도 중에 물은 적이 있습니다. 그럴 때마다 그렇다고 답해 주시는 하나님이십니다. 사람은 결코 다른 사람을 고칠 수 있는 존재가 아닙니다. 치유의 주체는 절대적으로 하나님이십니다. 하나님께서 저를 통해 치유하시겠다는 뜻이겠지요.

하나님은 사람을 통해서 일하시는 경우가 많습니다. 하나님께서 치유하시고 사람들을 쓰시죠. 모든 것이 명확해지고 모든 것이 밝아지는 그날이 오면, 이 사실은 당연해질 것입니다.

저는 열심히 공부를 하고 환자들을 상담합니다. 치료 방향과 치료 예후를 제시해 드리고 그에 따라 치료하고 기도합니다. 한 분 한 분 치료해 드릴 때마다 하나님이 주장하십니다. 어떤 상황이 되든지 감사할 뿐이지요.

일곱. 방문진료

군산에서 공중보건의(公衆保健醫)를 하던 시절, 시골의 읍 · 면을 다니면서 한방진료를 하였습니다. 군산시 보건소 소속으로 제게 맡겨진 임무가 각 지역의 양로원을 돌아다니며, 진료하고 침을 놓는 것이었습니다. 일주일에 몇 번씩 양로원들을 방문하고, 중풍센터에 가서 중풍 환자들을 보는 것이 저의 업무였습니다.

그렇게 1년 반 정도 근무하다 보니 양로원에서 할머니, 할아버지들에게 침을 놓아 드리는 것이 익숙해졌습니다. 침을 놓고 전도하는 것이 저의 일과였습니다. 때로는 아픈 부위에 손을 얹고 기도도 하면서 침을 놓아 드렸죠.

한곳만 방문하여 진료하는 것이 아니라 군산의 전지

역을 방문해야 했기 때문에 한 양로원을 1년에 한두 번 정도 방문하였습니다. 6개월 또는 1년 후에 할머님들을 뵐 때면 무척 반가워해 주셨습니다. 고질적으로 아팠던 무릎이 침을 맞고 나았다는 이야기, 저리던 손이 좋아졌다는 이야기 등을 하셨습니다. 사람마다 차이가 있고 여전히 아파하시는 분도 계셨지만, 아프던 곳이 깨끗히 나으셨다는 드라마틱한 경험을 할 때면 감사했습니다.

이번에 필리핀 의료선교를 다녀오면서 다시 한 번 느꼈습니다. 하나님의 치료가 때로는 정말 드라마틱해서 한두 번의 치료로도 온전한 치료가 이루어지기도 한다는 것입니다. 필리핀에서 이틀 동안 약 2,000명의 환자를 보았습니다. 근골격계 환자부터 감기, 피부병, 부인과 질환 등 치료가 잘 이루어졌고, 그들을 섬기며 전도하는 계기가 되었습니다.

상식적으로는 그 짧은 시간이 많은 환자에게 얼마나 도움이 될까 의아할 수 있지만 하나님께서 이루어 주시면 시간과 인원에 상관 없이 하나님께서 치료하십니다.

여덟. 기도로 세우는 경영

저는 환자들을 돌보는 한의사입니다. 한편으로 직원들에게 급여를 주고 병원을 운영하는 경영자이기도 합니다.

개인 한의원이지만 한 달을 운영하기 위해 상당히 큰 지출이 생깁니다. 직원 월급, 월세, 한약재 구입, 세금 등 액수가 상당합니다. 가끔 지인과 경비에 대한 대화를 할 때면 한의원에 그렇게 많은 경비가 들어가냐고 물으십니다.

세상에는 수많은 크리스천 기업가, CEO가 계십니다. 하나님 안에서 깨끗하게 기업을 경영해 나가며 번창하는 것이 그들에게 중요한 기도제목일 것입니다. 저 또한 그렇습니다. 최동환한의원부터 시작하여 지금의 예수한의원을 운영하면서 축복을 받아 좋은 소문이 나고 잘되는 병원으로 자리잡게 되었습니다. 그 과정에서 물질에 대한 고민과 어려움도 많았습니다. 경영에 대한 고민도 많았습니다. 그래서 하나님께 기도하는 시간이 많아졌습니다.

예전에는 환자가 많이 오게 해 달라거나 한의원이 잘되게 해 달라는 기도를 잘 하지 않는 편이었습니다. 왠지 이런 기도는 세속적인 기도라 생각하여 하나님이 어떻게 보실까 하는 마음이었던 것 같습니다. 하나님이 알아서 채워 주실텐데 생각하였습니다.

하지만 여러 어려움을 겪으면서 이렇게 병원이 잘되는 것은 참 큰 축복이며, 사업의 번창을 위해 기도하는 것을 꺼려하는 것이 어떤 의미로는 교만일 수 있겠다는 마음을 갖게 되었습니다. 그래서 지금은 사업의 번창을 위해서 구체적으로 기도하고 있습니다. 시기와 작은 수까지도 정하여 기도하고 있습니다. 어린아이처럼 아버지께 선물을 구하는 마음으로 기도하게 되었습니다. 하나님께서 부으실 축복을 기대합니다.

아홉. 하나님이 치료하시면 나을 수 있습니다

한의원에서 종종 이런 질문을 받습니다.

"한방으로 공황장애가 나을 수 있나요?" "한방으로 우울증이 나을 수 있어요?" 대답은 명확합니다.

"하나님이 치료하시면 나을 수 있습니다."

세상의 눈으로 보면 동문서답 같지만, 이게 정답입니다. 저는 환자들, 우리 직원들 그리고 동료 한의사들에게도 말합니다.

"제가 하는 의학은 한의학을 도구로 쓰시는 예수님 의학이에요!"

예수님이 이곳에서 저를 쓰시면 낫는 것입니다.

사실 저 역시도 정신과 환자였습니다….

강박증이 심했을 때, 이런저런 책도 읽어 보고 약도

먹어 보았습니다. 제가 지금 말하는 것은 책이나 약이 쓸모없다는 것이 아닙니다. 하나님의 주권 아래 좋은 도구가 될 수 있지만, 그런 것들이 치료의 주인이 될 수 없다는 것입니다.

그때 심정을 돌이켜보면, 나의 억울한 사연을 누가 다 알아 줄 사람이 있을까 하는 생각이 들었던 것 같습니다. 하나님이 다 아신다고 하지만 나의 세세한 생각까지 다 아실까. 하나하나 다 아시고 치료하실까…? 생각했습니다.

지금은 당연히 주님께서 나보다 나를 잘 아시고 내 모든 세세한 생각을 주관하시며 치유하신다는 것을 알지만, 그때는 제 마음에 의심이 있었습니다. 그런 과정을 거쳤기 때문에 내 모든 생각, 모든 행동이 하나님의 주권 아래 있다는 것을 뼈저리게 알게 되었다고 생각합니다.

모든 질환이 그렇듯 재발이 문제입니다. 제 상태도 지금처럼 완전히 회복되기까지는 시간이 걸렸습니다.

'다시 그러면 어쩌지? 또 그 증상이 오면 어쩌지?' 하는 마음이 회복을 방해한다고 생각합니다. 매순간 성령님과 동행하는 것이 답입니다. 어떤 상황과 순간이 올지 우리는 알 수 없습니다. 미리 예측해서 준비하는 것도 불가능합니다. 내 안에 매순간 성령님이 계시고 그 순간마다 대처해 주실 것을 믿는다면 재발에 대한 염려는 없어집니다.

제가 정신적으로 피폐한 상태에서 하나님을 만났기 때문에 정신질환자들에게 관심이 많습니다. 한의원에서 정신과 환자분들을 보다 보면, 수많은 사연을 듣게 됩니다. 자신의 이야기를 계속적으로 이야기하고 또 되풀이합니다. 불안해서 그럴 수도 있고, 하소연하고 싶어서 그럴 수도 있죠. 이야기를 다 들어 드릴 때도 있고, 때론 중간에 끊어야 할 때도 옵니다. 한의학에는 이러한 정신과 환자에 대한 많은 연구와 처방, 치료가 제시되어 있습니다. 전인적인 치유센터에서 많은 정신질환자들이 하나님을 깊이 영접하기를 소망합니다.

열. 체력을 유지하는 방법

"형님은 참 대단하신 것 같아요. 제가 개원을 해 보니까 이것저것 하기도 바쁜데, 형은 한의원 하시면서 다양한 일들을 하시잖아요. 정말 체력이 대단하신 것 같다니까요."

얼마 전 후배 한의사와 이런저런 이야기를 하다가 이런 말을 들었습니다. 저는 잠을 많이 자는 편입니다. 보통 9시에서 10시쯤 두 아이와 함께 잠자리에 눕습니다. 요즘 이렇게 일찍 자는 사람은 드물 것 같습니다. 대체적으로 충분한 수면을 취하는 편입니다. 이렇게 편히 휴식을 취한다고 시간을 낭비한다거나 일하는 시간이 부족하다고 생각하지 않습니다.

한의원을 운영하고 여러 모임을 인도하면서 강의도

하고 기독모임도 주관하면서 또 개인적으로 의학공부를 하는 것이 충분히 가능합니다. 이렇게 집필하는 것도 한의원에서 혹은 집에서 틈틈이 글을 쓰면 충분히 가능한 일입니다.

육체의 체력과 건강은 마음의 평안에서 온다고 생각합니다. 마음이 분란 되고 불안하면 몇 시간 일을 해도 금방 지칩니다. 마음이 평안하면 일을 진행하면서 자유함과 기쁨을 느끼게 되고 누가 시켜도 못할 일을 거침없이 하게 되는 것이죠.

성령님의 인도하심을 따라 살려고 노력하면서 주님 안에서 결정이 된 것은 즉각적으로 움직이려고 합니다. 주님 안에서 결정된 것을 나의 의심으로 연기시키면, 영적 영향력을 잃을 수 있었다고 생각합니다. 예를 들어, 환자와 대화하던 중 치료 방향을 정하고 하나님 안에서 기도하며, 처방을 결정해서 즉각적으로 처방하는 것과 처방을 정했지만 의심하고 두려워하는 마음으로 미루면 그 치료의 효과는 처음과 달라질 수 있습니다.

누군가에게 돈을 빌려주기로 했는데 기쁜 마음으로

바로 빌려주는 것과 꺼림칙한 마음으로 피하다가 빌려주는 것은 받는 사람의 입장에서 큰 차이가 있겠지요.

하나님의 일을 하나님께서 계획하시고 인도하시도록 내 일정을 내어 드리고, 성령님 안에서 평안함과 기쁨으로 그 일을 진행하도록 노력하는 것. 이것이 제가 체력을 유지하는 방법입니다.

열하나. 병의 원인

사람들은 오랜 시간 병의 원인에 대해 고민해 왔습니다. 다양한 의학서적에는 병의 원인을 다루고 있습니다. 그리스도인들은 어디에서부터 인간에게 병이 들어왔는지 잘 알고 있습니다. 바로 아담의 범죄 후입니다.

"선생님, 제가 아픈 원인이 뭐예요?"

병원에서 가장 많이 듣는 말 중 하나입니다. 환자 분들은 병의 원인에 대해 관심이 많습니다. 한의학적인 진단과 병리로, 때로는 서양의학적인 병리로 병의 원인에 대해 설명해 드립니다.

한의학에서는 병의 원인을 외인, 내인, 불내외인으로 나눕니다.

외인(外因)은 풍한서습조화(風寒暑濕燥火)라고해서

바람, 한기, 더위, 습기, 건조, 화기의 기운들이 몸을 손상시킨다는 것입니다. 내인(內因)은 음식의 부절제, 심한 과로, 감정과 스트레스, 과도한 성관계를 포함합니다. 불내외인(不內外因)은 어혈이나 타박 등 기타요인을 가리킵니다. 한의학에서 병의 원인을 단순하게 나누는 것 같지만 이를 바탕으로 치료효과가 뛰어납니다.

에덴에는 이러한 병의 원인들이 없을 것입니다. 스트레스와 과로가 없고, 몸을 손상시킬만한 추위나 한기도 없습니다. 아픔이 없는 곳입니다. 이 땅에서 예수님을 믿고 천국과 연결된 사람들은 복음의 능력을 맛봅니다. 이러한 병들도 하나님의 뜻 안에서 합력하여 선을 이루고, 축복의 통로가 되는 도구가 될 수 있다는 생각을 합니다.

열둘. 체질과 음식

요즘 체질을 궁금해하시는 분들이 많습니다. 언론을 통해 사상체질이나 팔체질이 많이 알려져 있기 때문에 본인의 체질을 문의하는 환자들을 쉽게 접하게 됩니다.

보통의 경우, 체질을 감별하는 방법에 따라 종합적인 진찰을 통해 말씀드립니다. 그러면 체질에 따른 음식과 생활 습관들에 대한 질문 역시 받게 되죠. 이 부분에 대해서 고민을 해 왔습니다. 체질별로 엄격하게 나누어 먹는 것이 좋은가, 아니면 골고루 먹는 것이 좋은가.

임상에서 체질을 전문적으로 하는 선생님들과 이야기해 보면 난치병 환자들이 먹어야 할 음식과 먹지 말아야 할 음식을 지킬 때 좋은 효과를 본다는 이야기를 종종 듣습니다. 성경에서 음식에 관련된 구절을 찾아보았습니다. 사도행전에 보면 우리가 알고 있는 유명한 일화가 나옵니다.

> 그가 시장하여 먹고자 하매 사람들이 준비할 때에 황홀한 중에 하늘이 열리며 한 그릇이 내려오는 것을 보니 큰 보자기 같고 네 귀를 매어 땅에 드리웠더라. 그 안에는 땅에 있는 각종 네 발 가진 짐승과 기는 것과 공중에 나는 것들이 있더라. 또 소리가 있으되 베드로야 일어나 잡아 먹어라 하거늘 베드로가 이르되 주여 그럴 수 없나이다 속되고 깨끗하지 아니한 것을 내가 결코 먹지 아니하였나이다 한대 또 두 번째 소리가 있으되 하나님께서 깨끗하게 하신 것을 네가 속되다 하지 말라 하더라.(사도행전 10:10-15)

> 혼인을 금하고 어떤 음식물은 먹지 말라고 할 터이나 음식물은 하나님이 지으신 바니 믿는 자들과 진리를 아는 자들이 감사함으로 받을 것이니라. 하나님께서 지으신 모든 것이 선하매 감사함으로 받으면 버릴 것이 없나니 하나님의 말씀과 기도로 거룩하여짐이라.(디모데전서

4:3-5)

감사함으로 하나님이 지으신 음식을 먹으면 어떤 음식이든 버릴 것이 없다고 말씀하십니다.

음식으로 말미암아 하나님의 사업을 무너지게 하지 말라 만물이 다 깨끗하되 거리낌으로 먹는 사람에게는 악한 것이라.(로마서 14:20)

이 말씀은 율법적인 음식의 제한이 아닌 하나님안에서의 자유함을 설명한 말씀입니다. 그 안에 믿음과 감사함이 있고, 한 끼의 식사라도 하나님을 향한 예배가 된다면 우리에게 해로울 이유가 없다고 생각합니다. 우리의 삶을 하나님을 향한 예배로 드릴 때 그 결과는 책임져 주십니다. 자유함을 주시는 주님 안에서 음식조절이 새로운 율법이 될 필요는 없다는 생각이 들었습니다.

한편으로, 환자와 의사가 하나님 안에서 연합하여 의사의 지시대로 음식을 조절하기로 마음먹고 그 지시대로 따르기 위해 노력하는 것이 예배가 된다면, 이 또한 전혀 해가 되지 않을 것입니다. 이 마음으로 음식을 조절할 때는 율법의 속박이 아니라 자유함과 기꺼함으로 인도받는 조절이 될 것입니다. 저 역시도 환자 분에 따라 치료 목적으로 음식을 제한하고 드실 음식을 소개해 드리는 경우가 있습니다.

결국, 음식조절을 지키는 것과 지키지 않는 것은 완전히 다른 방향 같지만 어떤 중심과 목적으로 행하느냐에 따라 같은 결론을 내릴 수 있습니다.

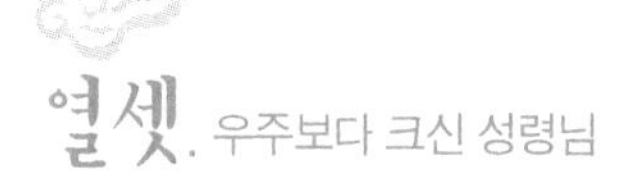

열셋. 우주보다 크신 성령님

예수한의원 원장실에는 세계지도가 걸려 있습니다. 매일 아침 세계지도 앞에서 무릎을 꿇고 기도를 했습니다. 제 손으로 각 대륙을 덮으며 또 마음으로 각 대륙을 덮으며 기도합니다. 세상의 눈으로 볼 때는 그 작은 공간에서 세계를 놓고 기도하는 것이 우스운 일일 수 있지만, 영의 눈으로 볼 때는 아주 자연스러운 일입니다.

땅이 혼돈하고 공허하며 흑암이 깊음 위에 있고 하나님의 영은 수면 위에 운행하시니라.(창세기 1:2)

오직 하나님이 성령으로 이것을 우리에게 보이셨으니 성령은 모든 것 곧 하나님의 깊은 것까지도 통달하시느니라.(고린도전서 2:10)

제 안의 성령님은 하나님이십니다. 삼위일체 하나님은 세상을 창조하셨고, 성령님은 하나님의 깊은 것을 통달하십니다. 무릎 꿇고 이스라엘을 위해 기도할 수 있고, 에스키모의 복음화를 위해 기도할 수 있습니다. 사람의 생각과 능력을 뛰어넘으시는 하나님은 우리의 기도를 쓰십니다.

저의 비전은 인류의 복음화요, 세상의 구원받을 수많은 영혼들의 축복의 통로가 되는 것입니다.

학문이 예수 그리스도를 향한 예배가 되고, 물질이 주님을 향한 향기로운 제물이 되길 원합니다. 작은 것에 충성하게 하시는 주님은 우리의 마음을 넓히시어 땅 끝까지 마음에 품게 하십니다. 하나님의 사람은 세상적인 것에 제한받지 않습니다.

오직 성령이 너희에게 임하시면 너희가 권능을 받고 예루살렘과 온 유대와 사마리아와 땅 끝까지 이르러 내 증인이 되리라 하시니라.(사도행전 1:8)

독일에서 이메일이 왔습니다. 예전에는 그냥 넘어갔을 그 글도 독일에 임할 주님의 나라를 생각하며 읽게 됩니다. 매일 아침 기도할 때마다 수많은 나라와 대륙들이 어느새 제 마음에 들어와 있고, 각 나라의 소식을 접할 때나 선교사님들을 뵐 때마다 마음이 뜨겁게 움직입니다. 온 인류에 주님이 행하실 일을 기대하고, 그 인류를 향해 저를 쓰실 주님을 기대합니다.

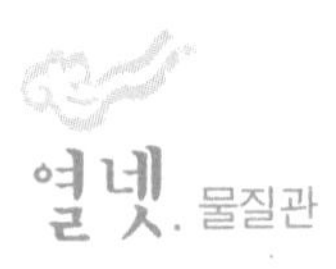

열넷. 물질관

지난주 토요일 예수한의원에서 한의사 몇 분과 한의대생, 몇 분의 대학생들을 모시고 '기독교신앙과 임상'이라는 제목으로 강의를 했습니다.

무슨 주제로 강의를 할까 기도하면서, 첫 번째 다루게 된 것이 바로 물질관이었습니다. 일선 현장에서 의료업을 하고 있는 한의사들, 졸업을 앞둔 한의대생에게 물질관이라는 주제는 그들의 심령을 직접적으로 터치할 수 있는 주제라고 생각했습니다.

제가 하나님 안에서 살기로 결정했을 때, 저도 모르게 왠지 청빈하고 가난한 삶이 더 거룩해 보인다는 고정관념이 있었습니다. 무언가를 많이 소유하지 않는 것이 왠지 거룩해 보였습니다.

그러나 하나님과 관계가 깊어져 갈수록 이 땅에서 내 소유가 많고 적음보다 하나님과 나와의 영적인 관계가 깨끗한가, 나의 심령이 하나님만으로 가득 차 있는가 하는 것이 중요하다는 것을 알게 되었습니다. 물질의 소유 여부는 신앙 성숙의 척도가 아니라는 것을 알게 된 것이죠. 고정관념 속에서 성직자라면 어느 정도 가난해야 한다는 의무감 같은 것이 제 안에 있었던 것 같습니다.

이철규 목사님은 설교를 하실 때 '기독교와 자본주의'라는 논문을 자주 인용하십니다. 역사적으로 볼 때 기독교가 들어가 부흥이 있는 곳은 물질적인 축복이 뒤따랐습니다. 성경에도 보면 하나님의 축복의 도구로 물질의 축복은 수많은 곳에 제시되어 있습니다.

하나님이 솔로몬에게 이르시되 이런 마음이 네게 있어서 부나 재물이나 영광이나 원수의 생명 멸하기를 구하지 아니하며 장수도 구하지 아니하고 오직 내가 네게 다스리게 한 내 백성을 재판하기 위하여 지혜와 지식을 구하였으니 그러므로 내가 네게 지혜와 지식을 주고 부와 재물과 영광도 주리니 네 전의 왕들도 이런 일이 없었거

니와 네 후에도 이런 일이 없으리라 하시니라.(역대하 1:11-12)

욥이 그의 친구들을 위하여 기도할 때 여호와께서 욥의 곤경을 돌이키시고 여호와께서 욥에게 이전 모든 소유보다 갑절이나 주신지라. 이에 그의 모든 형제와 자매와 이전에 알던 이들이 다 와서 그의 집에서 그와 함께 음식을 먹고 여호와께서 그에게 내리신 모든 재앙에 관하여 그를 위하여 슬퍼하며 위로하고 각각 케쉬타 하나씩과 금 고리 하나씩을 주었더라. 여호와께서 욥의 말년에 욥에게 처음보다 더 복을 주시니 그가 양 만 사천과 낙타 육천과 소 천 겨리와 암나귀 천을 두었고.(욥기42:10-12)

하나님이 주신 물질을 하나님 나라를 위한 일에 폭포수처럼 쏟아 붓기 원합니다. 오 주여, 행하소서!

열다섯. 지금 당신이 있는 곳이 선교지입니다

세상에서는 의료인에게 사람을 치료할 수 있는 법적 권리를 줍니다. 하지만 천국의 방법은 다릅니다. 누구나 치료의 통로가 될 수 있습니다. 이는 모든 사람이 의료행위를 할 수 있다는 뜻이 아닙니다. 예수님의 말씀을 믿고 따르는 사람이라면 누구든지 기도하고 병이 낫는 경험을 할 수 있습니다. 복음서와 사도행전에서 예수님께서 수많은 치료를 행하셨고 그의 제자들과 사도 바울은 치료의 통로가 되었습니다.

뱀을 집어올리며 무슨 독을 마실지라도 해를 받지 아니하며 병든 사람에게 손을 얹은즉 나으리라 하시더라.(마가복음 16:18)

심지어 사람들이 바울의 몸에서 손수건이나 앞치마를 가져다가 병든 사람에게 얹으면 그 병이 떠나고 악귀도 나가더라.(사도행전 19:12)

그러므로 내가 너희에게 말하노니 무엇이든지 기도하고 구하는 것은 받은 줄로 믿으라 그리하면 너희에게 그대로 되리라.(마가복음 11:24)

믿음과 기도는 치료의 도구가 됩니다. 이를 통해 수많은 질병이 나을 수 있고, 그것은 이 시대에도 유효합니다. 의료선교사들 사이에는 이런 말이 있습니다.

"선교지에 가면 하나님이 강권적으로 역사하셔서 기적적인 치료가 나타난다"

WAM 같은 단체에서 찍은 의료선교 동영상을 보면, 놀라운 장면들을 목격하게 됩니다. 저 또한 선교지에서 하나님의 놀라운 치료하심을 경험했습니다. 제 소망은 그런 역사들이 이곳, 각자의 일터에서 이루어지는 것입니다. 한의사가 되고 나서부터 많은 중풍병자들을 보았습니다. 중풍병자가 낫고, 하나님께 영광 돌리는 수많은 역사가 제 앞에 일어나기를 기도합니다. 저는 예수한의원도 선교지라고 생각합니다. 해외 오지 선교에서 일어났던 기적이 바로 이곳 송파구에 있는 예수한의원에서도 일어날 수 있습니다.

> 예수께서 이르시되 할 수 있거든이 무슨 말이냐 믿는 자에게는 능히 하지 못할 일이 없느니라.(마가복음 9:23)

ㅅ는 齒音이니 如戌字初
發聲ᄒᆞ니 竝書ᄒᆞ면 如邪
字初發聲ᄒᆞ니라
ㅅ는 니쏘리니 戌字 처ᅀᅥᆷ 펴아나
ᄂᆞᆫ 소리 ᄀᆞᄐᆞ니 ᄀᆞᆯᄫᅡ 쓰면 邪字
처ᅀᅥᆷ 펴아나ᄂᆞᆫ 소리 ᄀᆞᄐᆞ니라
ㆆ는 喉音이니 如挹字初

ㅅ는 齒音이니 如戌字初
發聲ᄒᆞ니 竝書ᄒᆞ면 如邪
字初發聲ᄒᆞ니라
ㅅ는 니쏘리니 戌字 처ᅀᅥᆷ 펴아나
ᄂᆞᆫ 소리 ᄀᆞᄐᆞ니 ᄀᆞᆯᄫᅡ 쓰면 邪字
처ᅀᅥᆷ 펴아나ᄂᆞᆫ 소리 ᄀᆞᄐᆞ니라
ㆆ는 喉音이니 如挹字初

ㅅ는 齒音이니 如戌字初
發聲ᄒᆞ니 竝書ᄒᆞ면 如邪
字初發聲ᄒᆞ니라
ㅅ는 니쏘리니 戌字 처ᅀᅥᆷ 펴아나
ᄂᆞᆫ 소리 ᄀᆞᄐᆞ니 ᄀᆞᆯᄫᅡ 쓰면 邪字
처ᅀᅥᆷ 펴아나ᄂᆞᆫ 소리 ᄀᆞᄐᆞ니라
ㆆ는 喉音이니 如挹字初

ㅅ는 齒音이니 如戌字初
發聲ᄒᆞ니 竝書ᄒᆞ면 如邪
字初發聲ᄒᆞ니라
ㅅ는 니쏘리니 戌字 처ᅀᅥᆷ 펴아나
ᄂᆞᆫ 소리 ᄀᆞᄐᆞ니 ᄀᆞᆯᄫᅡ 쓰면 邪字
처ᅀᅥᆷ 펴아나ᄂᆞᆫ 소리 ᄀᆞᄐᆞ니라

두번째 이야기
하나님의 인연

믿고 세례를 받는 사람은 구원을 얻을 것이요 믿지 않는 사람은 정죄를 받으리라 믿는 자들에게는 이런 표적이 따르리니 곧 그들이 내 이름으로 귀신을 쫓아 내며 새 방언을 말하며 뱀을 집어올리며 무슨 독을 마실지라도 해를 받지 아니하며 병든 사람에게 손을 얹은즉 나으리라

(마가복음 16:16-18)

02

병철이를 처음 만났을 때, 고등학교 동문모임이 기억납니다. 이런 저런 이야기를 하면서, 서로 진리에 대하여 이야기를 하였고, 병철이는 제 이야기에 큰 관심을 보여주었습니다. 평소 진리에 대한 고민이 묻어 있는 그 모습에 나도 마음을 쉽게 열었고, 원광대에 있는 열린 모임으로 초대했습니다.

열린 모임은 나의 동역자이자, 사랑하는 이철규 목사님과 함께 원광대에서 1시간 예배를 드리고, 대화를 나누는 티타임(Tea-time)과 같은 시간이었습니다. 열린 모임에서 성경을 같이 읽게 되었을 때, 병철이는 성경책을 참으로 유심히 읽었습니다. 그날 본문 말씀을 펼쳐 놓았는데, 몇 번이고 그 구절을 읽어 보는 모습이 인상적이었습니다. 어렸을 적 성당에 다녔던 경험이 있는 병철이는 예수님과 하나님에 대해서는 익숙한 모습이었습니다. 이철규 목사님의 설교를 들으면 좋아했고, 나와 예수님에 대한 대화를 좋아했던 병철이는 지금 제주도에서 공중보건의사(公衆保健醫師)를 하고 있습니다.

이철규 목사님과 변형용 목사님의 이야기를 들으면 그전과 다른 감동이 온다고 했습니다. 현재 저와 함께 예배를 드리고 한의학을 공부하는 모임에서 동역하고 있습니다. 앞으로 예수의학회(예수님을 주인으로 모시는 우리 공부모임)의 주춧돌로서 역할을 할 것을 기대합니다.

병철이와 나, 그 사이에서 한의학은 큰 연결고리입니다. 나 역시 한의학을 좋아했고, 참으로 많은 도구들을 얻었습니다. 병철이 또한 그러할 것입니다. 우리는 하나님 안에서 한의학에 대한 대화를 많이 나눕니다.

> 그런즉 누구든지 그리스도 안에 있으면 새로운 피조물이라 이전 것은 지나갔으니 보라 새 것이 되었도다.
>
> (고린도후서 5:17)

또한 모든 것을 해로 여김은 내 주 그리스도 예수를 아는 지식이 가장 고상하기 때문이라 내가 그를 위하여 모든 것을 잃어버리고 배설물로 여김은 그리스도를 얻고, 그 안에서 발견되려 함이니.(빌립보서 3:8-9)

그러나 한의학이 도구가 되고 그리스도가 살아야겠지요. 그럴 때 하나님은 한의학을 쓰십니다. 그것도 아주 풍성하게 쓰십니다. 이삭을 바친 아브라함의 믿음을 축복하신 하나님이 엄청나게 축복하십니다. 사도바울도 다른 지식이 그리스도와 연합에 방해가 된다면 그것을 해로 여겼습니다. 배설물이란 표현을 사용했습니다. 실제 그러합니다. 만약 그 지식들이 그리스도의 영광을 위한 도구가 된다면, 아름다운 연장이 될 것이나, 그런 지식이 그리스도와 연합하는 데 조금이라도 방해가 된다면, 배설물일 따름입니다.

저는 한의대 재학시절에, 큰 꿈을 꾸어왔습니다. '이 좋은 한의학, 이 좋은 의료를 세상 여러 사람들에게 전하고 나누고 싶다. 이렇게 좋은 것을 나만 알고 있는 것은 죄악이며, 여러 사람과 나누고 싶다' 그러나 지금은 바뀌었습니다. '이 좋은 예수님, 이 좋은 복음을 세상 여러 사람들에게 전하고 나누고 싶다. 이렇게 좋은 것을 나만 알고 싶지 않으며, 다른 사람과 나누고 싶다.'

어떤 학문이든 그 분야에 깊이 연구해 들어가다 보면 그 학문에 매이기 쉽습니다. 매이는 마음의 뿌리는 자기의 시간과 노력에 대한 대가를 바라는 마음일 수도 있습니다. 하나의 학문에 매이게 되면, 다른 학문을 비판하게 되고, 결국은 그 학문에 대한 열정도 식어갑니다.

병철이와 저는 수많은 시간에 걸쳐 공부를 같이 해왔습니다. 제가 처음에 한의원을 열었을 때, 몇 달간 함께 있으면서 동의보감을 같이 읽었습니다. 병철이는 제 강의를 하도 많이 들어서 이제 익숙한 부분은 외울 수 있을 정도가 되지 않았을까 합니다. 저 역시도 병철이와 한의학 공부를 하는 것이 재미있습니다. 한의학을 쓰시는 성령님을 자유롭게 나눌 수 있기 때문입니다.

이 시대의 열방을 섬길 학자로, 의사로, 치유자로, 의료선교사로 병철이를 쓰실 주님을 기대합니다.

둘. 명은이를 만나다_모세가 홍해를 가르다

명은이는 한의대 재학시절 '경우회'라는 모임을 통해서 만나게 된 친구입니다. 저보다 두 학번 아래였던 명은이는 오히려 학생이었을 때보다 졸업하고 가까워진 경우입니다.

제가 한의원을 운영하면서, 토요일에 한의학 공부모임을 시작했습니다. 한의학을 통해서 하나님을 전하고, 그 영혼들을 구원하는 데 쓰임 받기 원했습니다.

제가 먼저 명은이에게 전화를 걸었고, 공중보건의사로 일하고 있던 명은이는 모임에 참석하게 되었습니다. 그 후 매주 토요일마다 우리 한의원에 와서 같이 진료하고 참관하기 시작했습니다. 아마 1년 정도 같이 일했을 겁니다. 저희 한의원에 참관을 오는 의사들이 여럿 있었지만, 이렇게 꾸준히 왔던 경우는 명은이가 유일합니다. 그러던 중 저는 명은이에게 성령의 감동에 이끌려 제안을 하였습니다.

"명은아, 같이 일대일로 성경공부 해보자."

그러자 바로 명은이는 좋다며, 같이 공부일정을 잡았습니다.

토요일 진료가 끝나고 CMI 일대일 성경공부 교재로 말씀공부를 시작했습니다. 매주 매주, 공부하고 대화할 때마다 성령님께서 운행하시고 모임을 주관하시는 것이 느껴졌습니다.

"하나님이 눈에 보이지 않지만, 이 모든 과정에서 하나님이 느껴지지 않니?"

"네. 느낄 수 있을 것 같아요."

하나님은 우리가 오감으로 느낄 수도 있는 분이지만, 우리의 영으로도 느낄 수 있는 분이십니다. 기독교 신앙생활을 해 보지 않았던 명은이도 바로 느낄 수 있었나 봅니다.

사실 명은이네 집안은 불교 집안이었습니다. 큰 아

버님이 스님이고 집안에 불교와 관련된 분이 여러 분 계시고, 집에 불교와 관련된 장소도 있다고 했던 기억이 납니다. 이런 명은이가 매우 쉽게 성경공부에 응했고, 저와 같이 성경공부를 하면서 예수님을 영접하는 기도까지 하게 된 것을 보면, 참으로 감사합니다. 명은이도 예수 중심의 의학으로 놀랍도록 쓰임 받기를 축복합니다.

하나님의 때가 되면, 우리의 고정관념과 상관없이 모든 일이 부드럽고, 빠르게 진행되는 일들을 경험합니다. 저에게도 이런 불교 세력의 영향력에 있던 사람은 전도가 어려울 것이라는 고정관념이 있었습니다. 그러나 하나님의 때에 하나님의 방법으로 역사하시면, 참으로 쉽게 열리는 것이죠. 모세가 홍해를 가르는 것처럼 말입니다.

셋. 영적인 아버지, 이철규 목사님을 만나다

'블라인드 사이드'라는 영화를 보셨나요? 얼마 전에 아내와 같이 영화 '블라인드 사이드'를 보았습니다. 정말 오랜만에 단둘이 영화를 봤죠. 불우한 흑인 소년, 마이클 오어가 우연히 길에서 만난 리 앤 투오이(산드라 블록)의 도움과 후원으로 미식축구 선수로 성장하는 이야기였습니다. 실화라는 것이 참 감동적이었습니다. 그 영화를 보고 나오면서 아내에게 이야기했습니다.

"내가 이 영화의 흑인 소년 같고, 이철규 목사님 가정이 리 앤 투오이의 가정 같아."

그리고 얼마 후 이철규 목사님께 전화를 드렸습니다.

"목사님, 목사님의 가정을 위해 정기적으로 후원하기 원합니다."

이철규 목사님을 다른 분에게 소개할 때, 제 영적인 아버지라고 소개하고는 합니다. 제가 대학교 1학년 때 처음 만난 그 가정은 참으로 신기한 가정이었습니다. 다른 것을 다 떠나서, 어떻게 경제적으로 가정생활을 꾸려갈까 하는 것이 궁금했습니다. 제가 보기에는 도대체 수입원이 없어 보였기 때문입니다.

대학교 1학년 때, 친구의 소개로 알게 된 이철규 목사님은 그 당시 대학생선교단체의 간사이셨습니다. 찾아갈 때마다 집에서 밥을 해 주시고, 축구도 하며 참 재미있었습니다. 하지만, 궁금한 점은 바로 어디서 돈을 벌까 하는 점이었죠. 나중에 물어보니 실제 생활비가 몇십만 원으로 그 돈으로 가족이 생활하며, 저 같은 대학생들 밥 사주고 도와주셨던 것입니다. 지금은 하나님께서 저에게 물질을 부으셨고, 또 앞으로 부으실 것을 기대하기 때문에 마땅히 그 가정을 섬기고 싶습니다.

이는 마게도냐와 아가야 사람들이 예루살렘 성도 중 가난한 자들을 위하여 기쁘게 얼마를 연보하였음이라 저희가 기뻐서 하였거니와 또한 저희는 그들에게 빚진 자니 만일 이방인들이 그들의 영적인 것을 나눠 가졌으면 육적인 것으로 그들을 섬기는 것이 마땅하니라.(로마서 15:26-27)

이 말씀은 예수님을 알게 된 이방인들이 어려운 유대인들에게 물질적으로 후원하는 것이 마땅하다는 구절입니다. 어떤 의미에서 이 말씀은, 제게 복음에 대해서 가르쳐 주신 목사님께 제가 성장하여 물질적으로 섬기는 것이 마땅하다는 말씀으로 들립니다. 얼마나 기쁜 일인지요!

26절의 '기쁘게 얼마를 동정하였음이라'는 말씀대로, 물질로 남을 섬기는 것은 참으로 기쁜 일입니다. 지금도 항상 저를 위해 기도해 주시고, 하나님의 큰 그림 안에서 저와 동역하고 있는 이철규 목사님을 사랑합니다. 그 분의 순수한 열정과, 하나님의 향한 갈망을 알기 때문에, 그 분과 동역하는 것이 제 안에 큰 기쁨입니다.

넷. 하이 하버드 (Hi, Harvard)

서울대 CMI 선교단체의 변형용 목사님은 '하이 하버드'라는 팀을 구성하고 계십니다. 변 목사님은 저의 멘토이신 이철규 목사님의 스승이십니다.

하버드는 미국을 이끌어 가는 대학 중 하나로 꼽힙니다. 그런 하버드를 복음화하고, 미국 중심부를 변화시키기 위해 서울대학교 학생들을 중심으로 조직된 특공대가 '하이 하버드입'니다.

결국 중요한 것은 사람입니다.

하나님이 사도 바울 한 사람을 쓰심으로, 인류에 엄청난 변화가 일어났습니다. 하나님이 아브라함을 축복하심으로, 그 축복의 물줄기가 지금까지 이어져 내려옵니다. 예수님이 12제자를 양육하심으로, 전세계에 주님을 따르는 수가 그 수를 셀 수 없을 만큼 되었습니다.

복음의 통로, 하이 하버드 대원들이 하버드와 나아가 미국의 심장부에 주님의 피 묻은 말씀의 칼을 꽂기를 소망합니다. 그곳에서 어둠을 빛으로 밝히는 이시대의 등불이 되기를 소망합니다.

마귀의 간계를 능히 대적하기 위하여 하나님의 전신갑주를 입으라. 우리의 씨름은 혈과 육을 상대하는 것이 아니요 통치자들과 권세들과 이 어둠의 세상 주관자들과 하늘에 있는 악의 영들을 상대함이라. 구원의 투구와 성령의 검 곧 하나님의 말씀을 가지라.(에베소서 6:17)

다섯. 박정자 님을 만나다_생의 마지막 순간에

어느 날 갑자기 암 선고를 받는다면 어떨까요?

저의 기억 속 서랍에 계신 환자분이 있습니다. 박정자 씨는 어느 날 갑자기 간암판정을 받으셨고, 그 후 몇 달 뒤에 돌아가셨습니다. 간암이라는 것을 알기 몇 달 전, 검사를 했을 때도 정상이었습니다. 그런데 갑자기 발이 붓고, 통증을 느껴서 검사를 하고 간암으로 진단을 받았습니다.

돌아가시기 몇 일 전에도 저와 박정자님 그리고 따님과 같이 치유집회에 참석했던 기억이 납니다. 따님과 함께 박정자 씨의 몸을 부축해서 경기도 성남시에 있는 선한목자교회에 모시고 가서 찬양했던 기억이 눈에 선합니다. 돌아가시기 3일전 일이었습니다.

"원장님이 침을 놓아 주신 날은 정말 편하게 주무셨어

요. 통증 없이, 괴로움 없이 이렇게 돌아가신 것만으로도 감사해요."

"돌아가실 때의 모습은 어떠셨어요?"

"네, 참 편안한 모습으로 가셨어요."

예전부터 예수님을 믿고 있던 분이셔서 마음이 놓였습니다. 주변에서 흔히 이 세상에서의 생을 마칠 때 어떤 모습인지를 보면, 천국에 가셨는지 알 수 있다는 이야기를 듣습니다.

괴로움과 고통 속에서 두려움으로 눈을 감는 분, 평안함을 느끼며 기쁜 마음으로 영원한 시간을 향해 눈을 감는 분이 계십니다. 제가 요양병원을 하고 싶은 이유가 여기에 있습니다. 죽음의 두려움에 떠는 분들을 치료하며 복음을 전하고 싶기 때문입니다. 모든 직원이 복음으로 무장하고, 모든 의료진이 구령의 열정으로 가득차서, 할머님, 할아버님들에게 복음을 전하고, 그들이 회복되는 모습을 보기 원합니다. 생의 마지막 나날에 수많은 영혼들이 죽음의 문턱에서 구원받을 수 있는 사역에 쓰임 받기 원합니다.

여섯. 예수님의 한의학회

한 달에 한 번 예수한의원에서 한의사들과 모여 한의학 강의를 진행하고 예배를 드리고 있습니다. 저는 예전부터 가르치는 일을 참 좋아했습니다. 목사님을 모셔서 한 시간 정도 말씀을 듣고 예배를 드리며 삶을 나눕니다. 이어서 한 시간은 한의학 강의를 진행합니다. 형식상 예배와 스터디지만 두 시간 모두 예배가 되기를 원합니다. 이 모임도 이제 3년 정도 되어 갑니다.

이 땅에는 수많은 하나님의 일꾼들이 있고, 수많은 하나님의 모임이 있습니다. 열과 성을 다하여 주님 나라를 위해 일하는 동지들이 곳곳에 있습니다. 전문분야도 마찬가지입니다.

제가 현재 속에 있는 단체는 CMF(Christian Medical

Fellowship)입니다. 의료사회에서 주님의 주 되심을 인정하고 주님을 따르려는 사람들의 모임입니다. 이밖에도 기독한의사회, 치과의료선교회, 기독간호사협회, 창조과학회 CLF(예수를 사랑하는 변호사 모임) 등 각자의 전문분야에서 하나님의 나라를 위해 정진하는 수많은 단체들이 있습니다.

이렇게 주님의 나라와 영광을 위해 각자의 전문분야에서 열정을 갖고 헌신하는 사람들이 있다는 것은 기쁜 일입니다. 자신의 일터에서, 자신의 분야에서 주님의 주 되심을 인정하고, 그 도(道)를 전해 나간다는 것은 하나님의 도우심이 반드시 필요한 일입니다.

세상에는 여러 분야가 있습니다. 어느 분야, 어느 곳에서 일하는가는 중요하지 않습니다. 다윗이 골리앗을 물리치고 이스라엘을 통일하고 많은 나라를 정복해 나아간 것처럼, 나의 분야에 있는 사탄의 세력과 우상들을 물리치고 승리의 깃발을 꽂아야겠습니다.

일곱. 임훈식 목사님을 만나다_행복한 목사님

저는 구리시에 있는 행복한교회에 출석하고 있습니다. 담임 목사님이신 임훈식 목사님은 교회 이름처럼 행복한 얼굴로 행복한 미소를 지으십니다.

세상의 생각으로 볼 때 목사님의 여정은 그리 행복하지 않으셨습니다.

"암입니다."

목사님은 병원에서 절망적인 선고를 받으셨습니다. 도저히 행복할 수 없는 일을 겪으시고도 하나님 안에서 행복하게 교회를 담임하고 계셔서 참 놀랍습니다.

대형병원에서 수술을 받으시고 힘든 시기를 거쳐서 목회를 하시던 중, 그 부위에 다시 종양이 생겼습니다. 암이 재발할 가능성이 높아진 겁니다. 병원에서는 종양이 암이 아닐 확률은 거의 없다는 절망적인 이야기를 했다고 합니다. 의사는 살 가망이 1%도 없다고까지 이야기 했고요, 그러나 정말 다행히도 종양은 암이 아니었고, 목사님은 다시 행복한교회에서 행복한 목사님으로 목회를 하십니다.

이런 과정을 겪으면서 이런저런 생각이 들었습니다.

'아, 목사님은 왜 저런 힘든 일을 겪으셔야 했을까?'

'목사님은 그렇게 힘드셨는데도 어떻게 이렇게 행복한 모습을 갖게 되셨을까?'

아마도 목사님은 하늘에 소망을 두고 하나님 안에서 살아가는 분이기 때문일 겁니다.

출산의 고통 후에 엄마가 행복한 마음으로 아기를 바라보듯이, 이제는 고통 없이 행복한 목회를 하시길 기도합니다.

"그저 우리 원장님 축복 많-이 해 주시고, 한의원이 환자들로 꽉꽉 차게 해 주세요. 아멘."

저희 한의원을 위해 기도해 주시는 할머님들이 많이 계십니다. 제가 모두 어머님이라고 부르지만, 사실 나이로는 저의 할머니뻘 되시는 분들이 많습니다.

연세가 90세이신 이월순 할머님은 다리가 아프시고 힘이 없으셔서 침을 맞으러 오십니다. 한의원에 오실 때마다 침을 맞는 침대에 앉으셔서, 한의원 문을 나서기 전 원장실에 들러 제 손을 잡고 기도하십니다. 안내하는 우리 간호사들의 손을 잡고 기도하시는 것도 잊지 않으십니다.

"우리 약사아줌마, 그저 축복 많이 해 주세요. 아멘."

연세가 많으셔서 간호사를 약사아줌마라고 부르십니다.

우한나 님도 제 기도 동역자이십니다.

무릎이 아파서 한의원에 오셨는데 감사하게도 아침마다 한의원에 들러서 기도하시거나, 지나가실 때 들어오시지도 않고 한의원 문고리를 잡고 기도하십니다. 기도수첩에 저와 제 가족의 이름을 적어 매일 같이 기도한다고 하십니다. 우한나 님은 한의원 옆 가락중학교와 고등학교 앞에서 학교 가는 학생들을 축복하시며 "세계 최고의 지도자가 되세요"라고 기도하고는 하십니다. 이것을 그 학교 선생님께서 좋은 뜻으로 보시고 제보를 하셔서 SBS '세상에 이런 일이'에서 촬영을 하기도 했습니다.

한순웅 님은 혈압치료를 하시는데, 한의원 식구들과 기도모임을 갖고 한의원을 위해 매일 기도해 주십니다.

현영숙 어머님은 전주에서부터 알게 된 인연입니다. 서울에 올라와서도 기도의 동역자가 되어 주셨습니다.

이렇게 예수한의원을 축복하며 기도하는 분들이 많이 계십니다. 하나님께 참 감사합니다.

나는 부활이요 생명이니

예수께서 와서 보시니 나사로가 무덤에 있은 지 이미 나흘이라 베다니는 예수살렘에서 가깝기가 한 오리쯤 되매 많은 유대인이 마르다와 마리아에게 그 오라비의 일로 위문하러 왔더니 마르다는 예수께서 오신다는 말을 듣고 곧 나가 맞이하되 마리아는 집에 앉았더라 마르다가 예수께 여짜오되 주께서 여기 계셨더라면 내 오라버니가 죽지 아니하였겠나이다 그러나 나는 이제라도 주께서 무엇이든지 하나님께 구하시는 것을 하나님이 주실 줄을 아나이다 예수께서 이르시되 네 오라비가 다시 살아나리라 마르다가 이르되 마지막 날 부활 때에는 다시 살아날 줄을 내가 아나이다 예수께서 이르시되 나는 부활이요 생명이니 나를 믿는 자는 죽어도 살겠고 무릇 살아서 나를 믿는 자는 영원히 죽지 아니하리니 이것을 네가 믿느냐 이르되 주여 그러하외다 주는 그리스도시요 세상에 오시는 하나님의 아들이신 줄 내가 믿나이다

죽은 나사로를 살리시다

이 말을 하고 돌아가서 가만히 그 자매 마리아를 불러 말하되 선생님이 오셔서 너를 부르신다 하니 마리아가 이 말을 듣고 급히 일어나 예수께 나아가매 예수는 아직 마을로 들어오지 아니하시고 마르다가 맞이했던 곳에 그대로 계시더라 마리아와 함께 집에 있어 위로하던 유대인들은 그가 급히 일어나 나가는 것을 보고 곡하러

무덤에 가는 줄로 생각하고 따라가더니 마리아가 예수 계신 곳에 가서 뵈옵고 그 발 앞에 엎드리어 내 오라버니가 죽지 아니하였겠나이다 하더라 예수께서 그가 우는 것과 또 함께 온 유대인들이 우는 것을 보시고 심령에 비통히 여기시고 불쌍히 여기사 이르시되 그를 어디 두었느냐 이르되 주여 와서 보옵소서 하니 예수께서 눈물을 흘리시더라 이에 유대인들이 말하되 보라 그를 얼마나 사랑하셨는가 하며 그 중 어떤 이는 말하되 맹인의 눈을 뜨게 한 이 사람이 그 사람은 죽지 않게 할 수 없었더냐 하더라 이에 예수께서 다시 속으로 비통히 여기시며 무덤에 가시니 무덤이 굴이라 돌로 막았거늘 예수께서 이르시되 돌을 옮겨 놓으라 하시니 그 죽은 자의 누이 마르다가 이르되 주여 죽은 지가 나흘이 되었으매 벌써 냄새가 나나이다 예수께서 이르시되 내 말이 네가 믿으면 하나님의 영광을 보리라 하지 아니하였느냐 하시니 돌을 옮겨 놓으니 예수께서 눈을 들어 우러러 보시고 이르시되 아버지여 내 말을 들으신 것을 감사하나이다 항상 내말을 들으시는 줄을 내가 알았나이다 그러나 이 말씀 하옵는 것은 둘러선 무리를 위함이니 곧 아버지께서 나를 보내신 것을 그들로 믿게 하려 함이니이다 이 말씀을 하시고 큰 소리로 나사로야 나오라 부르시니 죽은 자가 수족을 베로 동인 채로 나오는데 그 얼굴은 수건에 싸였더라 예수께서 이르시되 풀어 놓아 다니게 하라 하시니라

(요한복음 11:17~44)

ㅅ는 齒音이니 如戌字 初發
聲하니 並書하면 如邪
ㆆ字 初發聲하니라
ㅅ는 니쏘리니 戌字 처엄펴아나
는소리ᄀᆞᄐᆞ니 ᄀᆞᆯ바쓰면 邪ㆆ字
처엄펴아나 는소리ᄀᆞᄐᆞ니라
ㆆ는 喉音이니 如挹字 初發
ㅅ는 齒音이니 如戌字 初發
聲하니 並書하면 如邪
ㆆ字 初發聲하니라
ㅅ는 니쏘리니 戌字 처엄펴아나
는소리ᄀᆞᄐᆞ니 ᄀᆞᆯ바쓰면 邪ㆆ字
처엄펴아나 는소리ᄀᆞᄐᆞ니라
ㆆ는 喉音이니 如挹字 初發
ㅅ는 齒音이니 如戌字 初發
聲하니 並書하면 如邪
ㆆ字 初發聲하니라
ㅅ는 니쏘리니 戌字 처엄펴아나
는소리ᄀᆞᄐᆞ니 ᄀᆞᆯ바쓰면 邪ㆆ字
처엄펴아나 는소리ᄀᆞᄐᆞ니라
ㆆ는 喉音이니 如挹字 初發
ㅅ는 齒音이니 如戌字 初發
聲하니 並書하면 如邪
ㆆ字 初發聲하니라
ㅅ는 니쏘리니 戌字 처엄펴아나
는소리ᄀᆞᄐᆞ니 ᄀᆞᆯ바쓰면 邪ㆆ字
처엄펴아나 는소리ᄀᆞᄐᆞ니라

세번째 이야기

나의 삶 빛이 임하여 어둠이 물러가다

침상에 누운 중풍병자를 사람들이 데리고 오거늘 예수께서 그들의 믿음을 보시고 중풍병자에게 이르시되 작은 자야 안심하라 네 죄 사함을 받았느니라 어떤 서기관들이 속으로 이르되 이 사람이 신성을 모독하도다 예수께서 그 생각을 아시고 이르시되 너희가 어찌하여 마음에 악한 생각을 하느냐 네 죄 사함을 받았느니라 하는 말과 일어나 걸어가라 하는 말 중에 어느 것이 쉽겠느냐 그러나 인자가 세상에서 죄를 사하는 권능이 있는 줄을 너희로 알게 하려 하노라 하시고 중풍병자에게 말씀하시되 일어나 네 침상을 가지고 집으로 가라 하시니 그가 일어나 집으로 돌아가거늘 무리가 보고 두려워하며 이런 권능을 사람에게 주신 하나님께 영광을 돌리니라(마태복음 9:2-8)

03

하나. Before & After

전북 익산에 위치한 저의 모교인 원광대학교는 제 마음속 한구석에 항상 자리 잡고 있습니다. 원광대에 입학하기 전에는 전북 익산이라는 곳을 한 번도 가본 적이 없었습니다. 아버지와 함께 차를 타고 익산에 처음 내려갈 때, 그곳의 풍경이 아직도 눈에 선합니다.

태어날 때부터 쭉 서울에서 살아온 저는 한의대를 가기 위해 익산에 있는 원광대에 내려가게 됩니다. 대학교 새내기 시절의 신앙은 지금의 신앙과 많이 달랐기 때문에, 사고방식도 달랐습니다. 대학 생활을 술과 더불어 시작했습니다. 일주일에 한두 번은 술을 많이 먹어서 구토를 할 정도가 되었고, 여러 사람과 새로운 문화를 접했지만 마음은 늘 답답했습니다.

제일 마음에 들지 않았던 것은 서울에서 누리던 문화 생활을 누리지 못한다는 것이었습니다.

'서울에 있으면 OO을 할 수 있을 텐데….'

'서울에 있으면 OOO에 갈 수 있을 텐데….'

제 마음속에는 항상 이런 마음이 자리 잡고 있었기 때문에, 대학 생활에 대한 아쉬움과 그 생활을 보상받고 싶은 마음이 많았습니다. 졸업만 하면, 한의사만 되면 바로 서울에 올라가서 익산에서의 생활을 정리하고 내가 원하던 삶을 살 수 있을 거라고 생각했습니다.

그렇게 졸업을 하고 군복무를 대체하기 위해 공중보건의로 강원도 양구에서 근무를 시작하였습니다. 그곳에서 하나님과 인격적으로 깊이 만나게 되었습니다. 저의 내면(內面), 심령 깊은 곳을 하나님께서 만지시자 저의 가치관은 완전히 바뀌었습니다. before와 after가 명확히 달라진 것이지요. 나중에 들어 보니 친구들 사이에서는 제가 이상해졌다는 이야기까지 돌았나 봅니다.

하나님의 사고방식으로 변화되자, 어디를 가느냐는 그렇게 중요하지 않았습니다. 그렇게 돌아가고 싶던 서울이 더 이상 특별한 곳이 아니었습니다. 강원도 양구에서의 생활을 마치고, 어디를 갈지 결정할 수 있는 순간이 다가오자 아이러니컬하게도 저는 다시 전북을 선택하여 내려갔습니다. 전주에 좋아하는 목사님이 계셨기 때문에, 그곳에 내려가서 신앙을 배우고, 또 원광대 대학원을 다니면서 후배들을 키우고 주님의 제자로 양육하고 싶은 마음이 생긴 것입니다.

주님의 마음으로 돌아온 원광대는 예전과 참 다른 느낌이었습니다. 매주 수요일마다 열린 모임을 열어서 한의대 후배들과 신앙을 나누며 전도하고, 한의학 강의를 진행하였습니다. 제가 너무나 힘든 터널을 지나왔기 때문에 분명 후배들 중에도 저와 같은 고민을 하는 후배가 있을 것이라고 생각했습니다. 그런 그들에게 확실한 답과 빛을 전해주고 싶었습니다.

지금도 원광대만 생각하면 가슴이 뛥니다. 저를 방황하게도, 가슴 뛰게도 했던 그곳에서, 이 시대를 밝힐 멋진 의료인들이 배출되기를 소망합니다.

둘. 핍박받을 때

"당신 같은 사람 때문에 기독교가 욕먹는 겁니다."

들었던 험담 중 가장 기억에 남는 말입니다. 아마 제 자신을 돌아보는 계기가 되었기에 기억에 남았는지도 모르겠습니다.

하나님의 일을 하다보면 다양한 이야기를 들을 때가 있습니다. 예수님도 예언하셨고, 우리 믿음의 조상들도 수없이 받아 왔던 핍박입니다.

> 나의 부르짖음을 들으소서 나는 심히 비천하니이다 나를 핍박하는 자들에게서 나를 건지소서 그들은 나보다 강하니이다.(시편 142:6)

하나님께서는 이렇게 말씀하십니다.

의를 위하여 박해를 받은 자는 복이 있나니 천국이 그들의 것임이라.(마태복음 5:10)

그러므로 내가 그리스도를 위하여 약한 것들과 능욕과 궁핍과 박해와 곤고를 기뻐하노니 이는 내가 약한 그 때에 강함이라.(고린도후서 12:10)

내 사랑하는 자들아 너희가 친히 원수를 갚지 말고 하나님의 진노하심에 맡기라 기록되었으되 원수 갚는 것이 내게 있으니 내가 갚으리라고 주께서 말씀하시니라.(로마서 12:19)

얼마 전 어떤 목사님은 "거룩하고 영적인 고집이 가장 무서운 고집이다"라고 말씀하셨습니다. 하나님의 일을 하기 위해 그분의 인도 안에서 받는 핍박은 축복의 통로가 되지만, 하나님의 사역을 인간적인 고집으로 하려

다 받는 핍박은 축복의 통로와 구별되어야 합니다. 하나님의 일을 하다가 받는 의로운 핍박인지, 내 죄와 고집으로 인한 핍박인지 분별해야 합니다. 우리는 성령님의 도움으로 분별하도록 노력해야 합니다. 하나님께 구하면 선하신 하나님은 결국 분별케 하시고, 우리의 허물도 선하게 이루어 나가실 것입니다.

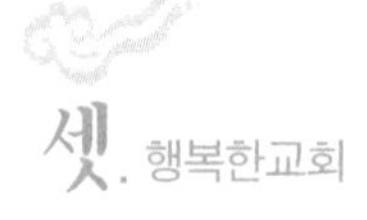

셋. 행복한교회

처음 구리로 이사 와서 교회를 찾던 중 집 앞에 있는 행복한교회에 찾아갔습니다. 우선 교회 이름이 참 좋았습니다. 옆에서 바라보았을 때, 교회 풍경이 마음에 쏙 들었습니다.

행복한교회에 처음 찾아간 날, 담임 목사님과 이야기를 나누고, 등록하게 되었습니다. 그것이 벌써 3년 전입니다. 이름 그대로 행복한 교회였습니다.

임훈식 담임 목사님은 한의원에 오셔서 종종 예배를 인도해 주십니다. 한의원 식구들도 임훈식 목사님을 참 좋아합니다. 한 달에 한 번 정기적인 한의원 예배가 있을 때마다 종종 임훈식 목사님을 초청합니다. 임훈식 목사님은 사랑스런 아버지의 마음으로 성경을 볼 수 있는 탁

월한 관점을 제시해 주실 때가 많습니다. 그냥 쉽게 지나칠 수 있는 말씀도 깊이 있는 사랑으로 그 말씀을 해석하게 됩니다. 임 목사님이 설교할 때 강조하시는 것이 있습니다.

"하나님은 우리가 행복하기를 원하십니다! 하물며 저도 우리 딸이 행복하게 살기를 간절히 원하는데, 하나님의 마음은 어떠하시겠습니까. 하나님은 우리가 행복하기를 원하십니다!"

하나님이 이상적으로 조성하신 천국에서의 삶이 바로 우리에게 원하시는 삶의 모습일 것입니다. 그곳은 얼마나 행복한 곳일까요? 그 천국의 행복을 이 땅에서도 맛보며 살 수 있다고 강조하십니다.

넷. 하나님은 콤플렉스를 만들지 않으셨습니다

저는 외모 콤플렉스가 있었습니다. 사실 학벌 콤플렉스도 있었습니다. 난 왜 항상 2등만 할까 하는 생각을 하였습니다. 지나고 보니 지금 이런 글을 쓰는 제가 우습지만, 정말 그런 생각을 했었습니다. 하나님께서 나를 사랑하시고, 작디 작은 나를 위해 예수님을 보내셨다는 비밀을 깨닫기 전에는 경쟁심, 열등감, 콤플렉스와 항상 싸워야 했습니다.

지금은 하나님 안에서 언제나 1등으로 사랑받는 사람이 되었지만 말입니다.

어린 시절, 거울을 보면서 나는 왜 이렇게 생겼을까 하는 생각에 울면서 잠들었던 기억이 납니다. 초등학생일때는 '나는 왜 여자처럼 생겼을까' 하고 힘들어하기도

했습니다. 외모에 대한 콤플렉스는 대학생이 되어서까지도 계속되었습니다.

공부도 마찬가지였습니다. 남들이 볼 때는 우수한 성적이었지만 정작 저는 왜 항상 2등만 하는 인생일까 고민한 적이 있습니다.

오늘 서울대학교에서 선교단체 사역을 하시는 목사님의 말씀을 들었는데 서울대에도 학생들이 수많은 콤플렉스에 시달린다고 합니다.

여기에는 답이 없습니다. 아무리 노력해도 우리가 하나님이 될 수는 없기 때문입니다. 오직 하나님이 임하셔야 해결이 됩니다. 오직 말씀으로 하나님이 나를 어떻게 지으셨고, 나를 어떻게 평가하시는지를 알게 되어야 합니다. 그것은 이성으로 되는 것이 아니오, 오직 성령 충만으로 가능합니다.

거듭났다고 하더라도 순간순간 자신의 약한 점을 파고드는 콤플렉스와 열등감이 생길 수 있습니다. 그러나 하나님의 자녀들에게는 그런 것들이 주인이 되지는 못합니다. 나의 형상은 하나님이 완전하게 지으신 것이기 때문에 우리에게는 그분이 지으신 형상을 평가할 권리가 없습니다. 나의 형상을 판단하고 불평하는 것은 죄라고 생각합니다.우리가 삶의 주인이 나 자신이라고 생각하는 순간, 수많은 판단과 비교가 쏟아집니다, 나의 주님께 내 육, 혼, 영을 내어 드리는 순간, 열등감은 사라집니다.

하나님은 외모를 보지 않고 그 중심을 보십니다.

베드로가 입을 열어 말하되 내가 참으로 하나님은 사람의 외모를 보지 아니하시고.(사도행전 10:34)

여호와께서 사무엘에게 이르시되 그의 용모와 키를 보지 말라 내가 이미 그를 버렸노라 내가 보는 것은 사람과 같지 아니하니 사람은 외모를 보거니와 나 여호와는 중심을 보느니라 하시더라.(사무엘상 16:7)

다섯. 이사야 60장

이사야 60장을 묵상할 때마다 영혼이 기뻐 춤을 추며, 하나님이 하실 일에 대한 기대로 제 마음이 행복해집니다.

일어나라 빛을 발하라 이는 네 빛이 이르렀고 여호와의 영광이 네 위에 임하였음이니라. 보라 어둠이 땅을 덮을 것이며 캄캄함이 만민을 가리려니와 오직 여호와께서 네 위에 임하실 것이며 그의 영광이 네 위에 나타나리니 나라들은 네 빛으로, 왕들은 비치는 네 광명으로 나아오리라.

네 눈을 들어 사방을 보라 무리가 다 모여 네게로 오느니라 네 아들들은 먼 곳에서 오겠고 네 딸들은 안기어

올 것이라. 그 때에 네가 보고 기쁜 빛을 내며 네 마음이 놀라고 또 화창하리니 이는 바다의 부가 네게로 돌아오며 이방 나라들의 재물이 네게로 옴이라. 허다한 낙타, 미디안과 에바의 어린 낙타가 네 가운데에 가득할 것이며 스바 사람들은 다 금과 유향을 가지고 와서 여호와의 찬송을 전파할 것이며 게달의 양 무리는 다 네게로 모일 것이요 느바욧의 숫양은 네게 공급되고 내 제단에 올라 기꺼이 받음이 되리니 내가 내 영광의 집을 영화롭게 하리라. 저 구름 같이, 비둘기들이 그 보금자리로 날아가는 것 같이 날아오는 자들이 누구냐. 곧 섬들이 나를 앙망하고 다시스의 배들이 먼저 이르되 먼 곳에서 네 자손과 그들의 은금을 아울러 싣고 와서 네 하나님 여호와의 이름에 드리려 하며 이스라엘의 거룩한 이에게 드리려 하는 자들이라 이는 내가 너를 영화롭게 하였음이라.

내가 노하여 너를 쳤으나 이제는 나의 은혜로 너를 불쌍히 여겼은즉 이방인들이 네 성벽을 쌓을 것이요 그들의 왕들이 너를 섬길 것이며 네 성문이 항상 열려 주야로 닫히지 아니하리니 이는 사람들이 네게로 이방 나라들의 재물을 가져오며 그들의 왕들을 포로로 이끌어 옴이라. 너를 섬기지 아니하는 백성과 나라는 파멸하리니 그 백성들은 반드시 진멸되리라. 레바논의 영광 곧 잣나무와 소나무와 황양목이 함께 네게 이르러 내 거룩한 곳을 아름답게 할 것이며 내가 나의 발 둘 곳을 영화롭게 할 것이라. 너를 괴롭히던 자의 자손이 몸을 굽혀 네게 나아오며 너를 멸시하던 모든 자가 네 발 아래에 엎드려 너를 일컬어 여호와의 성읍이라, 이스라엘의 거룩한 이의 시온이라 하리라.

전에는 네가 버림을 당하며 미움을 당하였으므로 네게로 가는 자가 없었으나 이제는 내가 너를 영원한 아름다움과 대대의 기쁨이 되게 하리니 네가 이방 나라들의 젖을 빨며 뭇 왕의 젖을 빨고 나 여호와는 네 구원자, 네 구속자, 야곱의 전능자인 줄 알리라. 내가 금을 가지고 놋을 대신하며 은을 가지고 철을 대신하며 놋으로 나무를 대신하며 철로 돌을 대신하며 화평을 세워 관원으로 삼으며 공의를 세워 감독으로 삼으리니 다시는 강포한 일이 네 땅에 들리지 않을 것이요 황폐와 파멸이 네 국경 안에 다시 없을 것이며 네가 네 성벽을 구원이라, 네 성문을 찬송이라 부를 것이라. 다시는 낮에 해가 네 빛이 되지 아니하며 달도 네게 빛을 비추지 않을 것이요 오직 여호와가 네게 영원한 빛이 되며 네 하나님이 네 영광이 되리니 다시는 네 해가 지지 아니하며 네 달이 물러가지 아니할 것은 여호와가 네 영원한 빛이 되고 네 슬픔의 날이 끝날 것임이라.

네 백성이 다 의롭게 되어 영원히 땅을 차지하리니 그들은 내가 심은 가지요 내가 손으로 만든 것으로서 나의 영광을 나타낼 것인즉 그 작은 자가 천 명을 이루겠고 그 약한 자가 강국을 이룰 것이라 때가 되면 나 여호와가 속히 이루리라.

이사야 60장 말씀은 이번 필리핀 의료선교를 갔을 때, 최수호 선교사님 집에서 예배를 드리며 받은 말씀입니다. 앞으로 이 말씀이 제 눈앞에 펼쳐질 것입니다.

하나님이 주인 되시고, 저를 쓰십니다. 어둠은 빛이

비추면 사라집니다. 빛이 비추면 어둠은 대적할 힘없이 무조건 지게 되어 있습니다. 하나님의 자녀가 일어나 빛을 발할 때, 어두움은 물러가고 하나님의 영광인 빛이 드러나게 됩니다. 하나님은 그 자녀에게 권능을 부으시고, 물질을 부으시며, 온갖 축복을 선물하십니다.

하나님의 축복을 풍성히 누리며 살기를 원합니다.

그때가 되면 우리를 멸시했던 이방인들이 와서 우리의 성벽을 쌓게 됩니다. 결국 믿지 않는 자들도 하나님의 주권 안에 있기 때문입니다.

어떠한 방법으로 이루어 가실지, 하나님의 역사가 기대됩니다.

여섯. 하나님의 선물, 믿음

'이미 받았다고 믿기만 하면 그대로 된다?'

제게 믿음은 항상 마음 깊은 곳에 자리 잡고 있는 주제입니다. 강원도 양구에서 본격적인 기도생활을 시작하던 때 보았던 충격적인 말씀이 있습니다.

> 그러므로 내 말을 잘 들어두어라. 너희가 기도하며 구하는 것이 무엇이든 그것을 이미 받았다고 믿기만 하면 그대로 다 될 것이다.(마가복음 11:24 공동번역)

그 당시에는 성경 말씀을 완전히 신뢰하는 상태는 아니었기 때문에 이 말씀을 읽고 여러 가지 생각을 하였습니다.

'그래, 정말 성경이 진리라면 이 말씀이 사실이라면 나는 땡잡았다! 받았다고 믿기만 하면 그대로 된다지! 그럼 믿어 보자!'

저는 그 자리에서 기도를 하며 믿음의 선포를 하였습니다.

'성령님, 지금 이 순간 저에게 성령의 불로 임재해 주셔서 감사합니다.'

그 순간, 온몸이 뜨거워지며 그 자리에서 뒤로 넘어가는 극적인 경험을 하게 됩니다. 충격적인 일이었습니다. 그 이후로 성령님께서 제 안에서 운행하시는 것을 매일 느끼며 살아갑니다.

다음 날 아침에 일어나서도 어제의 신비한 경험을 잊을 수 없었습니다. 진료실에 나가 약제실 앞에 서서 조심스럽게 다시 한 번 되뇌었습니다.

'성령의 불을 내려주셔서 감사합니다.'

그 순간도 제 마음에 전날과 같은 영성이 울리기 시작합니다.

'아, 정말 계시구나! 무언가 있구나!'

이성적인 사고와 판단에 사로잡혀 있던 저였습니다. 그런 제가 하나님의 영에 사로잡힌 순간이었습니다.

믿음이라는 것은 설명할 수 있는 성질의 것이 아닙니다. 하나님의 선물입니다. 우리가 선물을 받게 되면 문제는 해결됩니다.

> 너희는 그 은혜에 의하여 믿음으로 말미암아 구원을 받았으니 이것은 너희에게서 난 것이 아니요 하나님의 선물이라.(에베소서 2:8)

일곱. 굿모닝 프레지던트

추석연휴 저녁에 아내와 함께 TV에서 영화 '굿모닝 프레지던트'를 보았습니다.

고두심 씨(극중 한경자)가 대통령이 되어서 국정을 수행하는데 남편인 임하룡 씨(극중 최창면)의 어수룩한 행동과 개인적인 일이 대통령에게 부담이 됩니다. 그러자 남편은 대통령을 자유롭게 해 주고 싶어 스스로 이혼을 결정합니다.

어느 날 저녁, 대통령이 주방장과 대화를 합니다.

"내가 행복하지 않아도 국민들을 행복하게 해 주는 대통령이 되는 데 문제는 없겠죠?"

"우리나라 국민들은 아마도 대통령님이 행복하게 되는 것을 원할 겁니다. 우리나라 국민들이 그렇게 수준이 낫지 않습니다."

제 마음에 이런 소리가 들렸습니다.

'내가 아내와 연합하지 않아도 하나님의 일을 놀랍게 할 수 있겠죠?'

'하나님은 당신이 아내와 연합하여 행복하게 되는 것을 원하십니다. 하나님은 요구만 하시는 하나님이 아니라 당신이 행복하기를 원하시는 하나님입니다.'

요즘 한의원에서 동역자들과 환자들에게 기도제목을 나누어 줍니다. 기도제목 첫 번째가 '아내와 연합하여 하나님의 일을 행하고, 아내가 나의 동역자이자 후원자가 되도록' 입니다.

예전 공중보건의 시절, 이철규 목사님과 차를 타고 내려오면서 목사님이 저에게 하신 말씀이 있습니다.

"동환형제, 동환형제는 가정을 이루는 것이 얼마나 행복한지 아직은 모를 거야. 이 세상에서 맛볼 수 있는 작은 천국이야."

목사님의 말씀이 무척 인상적이었습니다. 결혼을 비극적으로 묘사하는 것이 개그의 소재가 되어 버린 시대에, 결혼이 인생의 무덤이라는 표현을 즐겨 쓰는 시대에, 목사님의 말씀은 제가 듣고 싶은 말씀이었던 것 같습니다. 그때는 행복한 가정을 이룰 수 있을까라는 두려움이 컸습니다. 정말 행복한 부부와 가정을 원했기 때문에 더 두려웠습니다.

하나님께 제 인생을 드리기로 마음을 먹은 후에 아내로 인해 하나님의 일을 소홀히 하게 될까 하는 마음이 많았습니다. 영화 속 대통령(고두심 씨)처럼 아내와 연합하지 않더라도 하나님의 일을 할 수 있다고 생각했습니다. 아내보다 하나님이 우선순위이기 때문에 하나님의 일을 아내보다 먼저 생각하려 했습니다.

그러나 아내와의 연합도 하나님의 일입니다. 주님이 목숨을 바쳐 살리신 사람이 제 아내였습니다. 하나님께서 제게 아내를 보내시고, 결혼까지 주관하신 것에는 분명 뜻이 있을 것입니다. 하나님 안에서 행복한 가정을 이룬 요즘, 감사합니다 감사합니다.

여덟. Yes!

“죽음의 문턱까지 갔는데 하나님을 만나서 이렇게 살고 있습니다.”

“간암으로 사형선고를 받았는데 하나님께서 살려 주셨어요. 어차피 두 번째 사는 인생이니 하나님 안에서 살아야지요.”친한 동역자분들과 이야기를 하다보면 종종 이런 이야기를 듣습니다. 제 고백도 마찬가지입니다.

“저를 살려만 주시면 제 인생을 주님께 드리길 원합니다.”

저는 죽었던 인생입니다. 남들이 볼 때는 멀쩡해 보였겠지만, 저의 영혼은 질식 직전까지 가서 살려달라고 발버둥 쳤습니다. 그때를 계기로 주님과 지금의 친밀함을 누리게 되었습니다.

"지금 이렇게 살아도 죽은 것과 다름없는 인생인데, 나를 살려 주는 분이 계시다면 그분을 위해 살고 싶다."

그 당시 이런저런 책도 읽어 보고, 직접 약도 조재해서 먹어 보며 여러 가지 방법들을 찾아봤습니다. 그러나 결국에는 어떤 것도 답을 주지 못했습니다.

성경을 읽으면서부터 가슴이 시원해지기 시작하고 가쁘던 호흡도 편안해져 갔습니다. 중증환자에게 필요한 약처럼 성경은 저에게 필수품이자 소지품이 되었습니다. 길을 걸어갈 때에도 성경을 가지고 다녔습니다. 성경을 읽으면 마음에 평화가 찾아 왔습니다. 마치 천식환자가 호흡기를 상비하고 다니는 것과 비슷했습니다.

이 말씀은 나의 고난 중의 위로라 주의 말씀이 나를 살리셨기 때문이니이다.(시편 119:50)

사도 바울은 이렇게 고백합니다.

내가 그리스도와 함께 십자가에 못 박혔나니 그런즉 이제는 내가 사는 것이 아니요 오직 내 안에 그리스도께서

사시는 것이라….(갈라디아서 2:20)

거울을 볼 때 가끔 묘한 느낌이 듭니다. 예전의 최동환은 어디 갔는가 하고 말입니다. 예전의 제가 아닙니다. 마치 거울 속 내 모습이 다른 사람처럼 느껴집니다.

얼마 전, 필리핀에 의료선교를 가서 택시를 타게 되었습니다. 택시기사와 이런저런 이야기를 하던 중 그가 저에게 물었습니다.

"…Born again?"

"Yes!"

예수님을 믿는 택시기사는 저에게 다시 태어났냐고 물었습니다. 다시 사는 인생, 한평생 멋지게 주님의 일을 하기를 원합니다. 당신에게 묻고 싶습니다.

Born again?

아홉. 의학의 완성

사람은 누구나 완전함을 추구합니다. 영원을 사모하고, 보다 완전하며 보다 완성된 것을 추구합니다.

일선 한의사로서, 수많은 한의사들이 보다 좋은 의학, 보다 좋은 치료를 위해 노력하는 모습을 보게 됩니다. 한의계 안에도 여러 학회가 있고 학파가 있습니다. 마치 무림에 많은 고수가 있고 문하생이 있는 것과 비슷합니다. 아마 다른 분야도 비슷할 겁니다.

저도 한의학의 여러 학문을 다양하게 접하다가 마음이 확 끌리는 선생님을 만날 때가 있습니다. 이전의 혼란스러움을 정말 명쾌하게 설명할 수 있고, 치료 효과도 놀라운 듯 보입니다. 이 길로 정진하면 무언가 이룰 수 있겠다는 느낌을 받습니다. 그래서 그 학문을 연구하다 보면, 많은 도구들을 얻게 되고 실제로 좋은 결과를 얻기도 합니다. 하지만 어느 단계에 이르면 또 다시 매너리즘에 빠지게 됩니다. 다시금 누군가의 소개로 다른 학문을 접하고 이런 비슷한 과정을 거치면서 마치 다람쥐가 쳇바퀴를 도는 듯한 모습을 볼 수 있습니다.

또한 모든 것을 해로 여김은 내 주 그리스도 예수를 아는 지식이 가장 고상하기 때문이라 내가 그를 위하여 모든 것을 잃어버리고 배설물로 여김은 그리스도를 얻고, 그 안에서 발견되려 함이니….(빌립보서 3:8-9)

"하나님, 제가 진정 의사입니까?"

이렇게 묻고는 합니다. 예수님을 믿는 의료인들은 자신 안에 얼마나 큰 지혜와 놀라운 치료자가 있는지 깨달아야 합니다. 하나님께서 주시는 음성은 우리의 어떠한 논리나 이성으로 설명할 수 있는 것이 아닙니다. 그에 대한 확신도 타인이 빼앗아 갈 수 있는 것이 아닙니다. 기독 의료인은 그 어떤 학자보다 뛰어난 의사가 될 수 있습니다.

의학의 완성은 의학만 따로 이루어질 수 있는 것이 아닙니다. 의사와 환자의 치료관계가 단지 처방만으로, 단지 시술만으로 치료가 된다고 생각하면 이는 매우 어리석은 일입니다. 의사와 환자와의 관계, 신뢰, 협력 등 모든 것을 하나님이 인도하시고 치료해 주시는 것이 치료요, 회복입니다.

주님이 임하시면, 우리에게 학문의 지혜도 임하고 의학의 지혜도 임합니다. 이와 더불어 우리의 의로움과 거룩함이 완성됩니다. 그리고 구원이 임합니다.

너희는 하나님으로부터 나서 그리스도 예수 안에 있고 예수는 하나님으로부터 나와서 우리에게 지혜와 의로움과 거룩함과 구원함이 되셨으니.(고린도전서 1:30)

열. 죽음에서 자유로워지기

한번 죽는 것은 사람에게 정해진 것이요 그 후에는 심판이 있으리니.(히브리서 9:27)

인간은 누구나 죽습니다. 이는 죄의 결과입니다.

한의대 1학년 시절, 저는 음양오행에 한참 빠져 있었습니다. 어떤 일이 생기기기만 하면 음양으로 해석하려고 시도했고, 동전의 뒷면을 보려고 노력했습니다. 그때 들었던 생각이 '죽음에 대해 알아야 삶에 대해 알지 않겠는가' 하는 것입니다.

성경 말씀을 읽으며 성령님을 모시고 삶과 죽음에 대해 명확해졌습니다. 이전에는 희미했던 것들이 하나님 안에서 뚜렷해졌습니다.

사람들은 누구나 죽음에 대해 인지하고 있습니다. 언젠가는 죽는다는 것을 알고 있죠. 어떤 이는 피할 수 없는 그 사실을 잊으려고 노력하고, 어떤 이는 그 사실에 두려워합니다. 예수님을 영접하지 못한 사람들은 누구나 죽음에 대한 두려움이 있습니다. 삶의 흔적이 많은 분이나 젊은 사람이나 설령 유치원생이라 하더라도 죽음을 두려워하며 살아갑니다. 생활 속에서 마치 잊고 있는 것 같지만 무의식 속에는 죽음에 대한 공포, 촉박함, 죽기 전에 이뤄야 할 일들, 죽음 후에 대한 두려움 등이 있습니다. 이런 것들은 우리의 진취적이고 삶의 넘치는 에너지를 갉아먹는 역할을 합니다.

우리에게는 해답이 있습니다. 죽음에서 부활하신 예수님을 믿고 모실 때, 비로소 죽음에 대한 공포에서 자유로워질 수 있습니다. 이 자유함을 누리는 사람은 삶의 현장에서 엄청난 에너지를 나타냅니다. 염려는 생각이 쪼개지는 것입니다. 생각이 쪼개지면 에너지가 감소합니다. 우리가 한 가지에 전심으로 집중할 때 엄청난 힘과 에너지가 발휘됩니다.

예수께서 이르시되 나는 부활이요 생명이니 나를 믿는 자는 죽어도 살겠고 무릇 살아서 나를 믿는 자는 영원히 죽지 아니하리니.(요한복음 11:25-26)

열하나. 일본의 복음화

일본은 가깝고도 먼 나라입니다.

'한일전에는 절대 져서는 안 된다'는 기사를 보고는 합니다. 저 역시도 예전에는 한일전을 보면서 일본한테는 반드시 이겨야 한다며 흥분했던 기억이 납니다. 월드컵 조 편성 추첨식을 보면서 일본의 조 편성이 우리보다 좋으면 억울해했던 기억이 납니다.

우리나라를 가혹하게 짓밟고 아픔을 주었던 일본입니다. 그러나 성령님이 제 삶의 주인이 되시고 나서 일본은 더 이상 밉기만 한 나라가 아닙니다. 오히려 복음을 들고 들어가서 섬겨야 할 민족으로 생각하게 되었습니다. 그들이 우리에게 잔혹한 일을 했기 때문에, 우리가 그들을 품고 섬길 때, 그들에게 놀라운 변화가 나타날 수 있습니다. 채찍질하고 침 뱉었던 예수님이 부활하셔서 우리를 사랑하시니 변화되었습니다.

가까운 일본의 복음화를 위해 준비하고 있습니다. 매일 아침 세계지도 앞에 앉아 일본을 놓고 기도합니다. 우리나라보다 더 많은 순교자의 피가 뿌려진 곳이 일본이라고 합니다. 우리나라는 부흥하였는데 일본은 그렇지 않습니다. 그러나 그 수는 적더라도 주님 앞에 신실한 믿음의 선배들이 일본에도 많았다고 합니다.

예전에 후쿠시케 다카시가 쓴 《육이 죽어 영이 산 사람》이 기억납니다. 이 책을 읽고 하나님의 일본에 대한 계획에 동참하고 싶은 마음이 생겼습니다. 조만간 가족과 일본에 갈 계획입니다. 가서 그 땅을 밟고 기도할 예정입니다. 아마도 일본에 갔다 오면 그 나라에 대한 제 마음이 더욱 간절해지지 않을까 합니다.

일본에도 '예수한의원' '예수병원'을 세우고 싶습니다. 아니, 세울 것입니다. 놀라운 성령님의 인도하심과 치료하심을 그들이 알게 될 때, 그곳은 많은 영혼구원의 통로가 될 것입니다.

열둘. 빛이 임하면 어둠이 물러가다

지금의 아내와 연애를 하던 시절, 온통 그 사람 생각뿐이었던 기억이 납니다. 밥을 먹을 때도, 친구를 만나고, 책을 보아도 머릿속에는 그 사람 생각만 가득했지요. 일상생활을 하고 있지만 마음은 온통 애인에게 쏠려 있는 것입니다.

지금의 제 삶도 비슷합니다. 그 대상이 하나님이 된 것이죠. 하나님의 역사하심은 참으로 묘하고 세상눈으로 보면 역설적입니다.

저는 고등학교 시절에도 어느 정도 정신적인 강박증세가 있었습니다. 증세가 대학생이 되었을 때 점차 심해지더니, 대학을 졸업하고 공중보건의사를 하면서 본격적으로 심해졌습니다.

그런데 이 강박증세가 점차 이상해지더니 심각한 증상이 나타났습니다. 제가 해결할 수 없고 원하지 않는 상황이 되면 그 생각이 머릿속을 떠나지 않았습니다. 한 가지 일로 인한 생각이 몇 달간 떠나지 않고 저를 괴롭혔습니다. 잠자리에 누워 잠들기 직전까지 그 생각을 하다가 아침에 눈을 뜨면 바로 그 생각을 다시 시작합니다. 이것은 제가 조절할 수 있는 성질의 것이 아니었습니다. 24시간 중 마음 편히 보내는 시간은 그나마 잠들어 있는 순간뿐이었습니다. 몇 천 번, 몇 만 번이고 계속 한 가지 생각에 집착했습니다.

이런 강박증이 심해지자 앞으로의 인생이 두려워졌습니다. 두려움에 울며 잠들었습니다. 내 생각을 내가 조절할 수도 없다니요! 나의 생각을 빼앗긴 인생은 더 이상 내 것이 아니었습니다.

그때 저를 향해 한 줄기 빛이 비췄습니다. 하나님이셨습니다. 하나님의 빛은 작은 구멍 하나조차 없어 보이는 어두운 굴에서 나갈 구멍을 발견한 것 같았습니다. 조여 오던 숨통이 트이는 느낌이었습니다. 굴 안에서 헤매던 때, 그 속에서 빛을 발견한 느낌은 말로 설명할 수 없는 것이겠지요.

빛이 임하면 어두움이 물러가는 것처럼, 어두움을 애써 없애려 하지 않아도 빛에 집중하자 어두움은 저절로 걷혔습니다. 저의 강박증을 하나님이 치료하셨습니다. 깨어 있는 매 순간 저를 쫓아다녔던 그 증상이 이제는 매 순간 하나님 생각으로 바뀌었습니다. 참 묘합니다. 감사함을 어떻게 표현해야 할까요! 저를 절망의 끝으로 밀어냈던 문제가 거꾸로 축복이 된 것입니다. 오 주님…!

밥을 먹을 때도, 이야기할 때도, 침을 놓고 약을 처방할 때도, 매 촌각마다 나의 구주이신 주님 생각으로 가득합니다.

> 너는 범사에 그를 인정하라 그리하면 네 길을 지도하시리라.(잠언 3:6)

하나님을 항상 생각하는 삶을 살게 되었습니다. 똑

같은 증상인데도 세상의 생각이 저를 지배할 때는 죽음의 문턱으로 몰고 갔지만, 하나님만으로 가득 차니 빛이 임합니다.

> 일어나라 빛을 발하라 이는 네 빛이 이르렀고 여호와의 영광이 네 위에 임하였음이니라. 보라 어둠이 땅을 덮을 것이며 캄캄함이 만민을 가리려니와 오직 여호와께서 네 위에 임하실 것이며 그의 영광이 네 위에 나타나리니 나라들은 네 빛으로, 왕들은 비치는 네 광명으로 나아오리라.(이사야 60:1-3)

열셋. 기도

강원도 양구에서 깊이 하나님과 만날 무렵, 장진섭 형제가 책을 한 권 권해 주었습니다. 진섭 형제는 그 당시 저에게 신앙적으로 조언을 해 주며 도움을 주었던 친구입니다.

그 책이 박종훈 씨의 《하나님의 보좌를 움직이는 기도》입니다. 저자는 직장생활을 하면서 하루에 7시간의 기도를 한다고 합니다. 기도에 대한 자신의 경험과 능력, 그리고 어떻게 하루에 7시간의 기도를 할 수 있는지에 대한 내용이었습니다.

외국계 은행의 서울지점 부장으로 직장생활을 하면서 하루에 7시간의 기도를 한다는 것이 제게는 기적처럼 느껴졌습니다.

그가 처음 기도생활을 시작할 때는 5분 기도를 하면 기도할 내용이 없어서 고민이었다고 합니다. 그러다가 점차 기도의 능력을 알게 되어 이제는 한 번 손을 들고 기도하면 3-4시간은 금방 지나간다고 합니다.

저도 한의원을 운영하면서 기도의 필요성을 절감합니다. 매순간 기도하며 살아가지만 일정한 시간을 떼어 하나님 앞에서 기도하는 절대적인 시간의 필요성을 느끼게 됩니다.

저를 찾아오는 많은 환자들 한 사람 한 사람의 치유에 대한 기도와 그들의 영혼을 위한 기도를 합니다. 또한 한의원의 축복을 위한 기도와 경영을 위한 기도, 한의원 직원들의 화합과 행복을 위한 기도를 합니다.

제 능력과 노력만으로는 할 수 없는 부분이기 때문에 하나님 앞에서 기도하며 낮아지고, 하나님께 매달리는 시간이 절대적으로 필요합니다.

요즘은 하루 3시간의 기도를 채우려고 노력합니다. 한의원을 운영하면서 3시간의 시간을 따로 내어 기도한다는 것은 하나님의 도우심이 필요한 일입니다.

주님이 돕지 않으시면 아무것도 할 수 없다는 것. 이것을 인정하며, 낮아지고 간구하는 것이 가장 필요하다는 생각을 합니다.

항상 기뻐하라 쉬지 말고 기도하라 범사에 감사하라

이것이 그리스도 예수 안에서 너희를 향하신 하나님의

뜻이니라.(데살로니가전서 5:16-18)

ㅅᄂᆞᆫ 齒音이니 如戌字初
發聲ᄒᆞ니 並書ᄒᆞ면 如邪
字初發聲ᄒᆞ니라
ㅅᄂᆞᆫ 니쏘리니 戌字 처ᅀᅥᆷ 펴아나
ᄂᆞᆫ 소리 ᄀᆞᄐᆞ니 ᄀᆞᆯᄫᅡ 쓰면 邪字
처ᅀᅥᆷ 펴아나ᄂᆞᆫ 소리 ᄀᆞᄐᆞ니라
ㆆᄂᆞᆫ 喉音이니 如挹字初
ㅅᄂᆞᆫ 齒音이니 如戌字初
發聲ᄒᆞ니 並書ᄒᆞ면 如邪
字初發聲ᄒᆞ니라
ㅅᄂᆞᆫ 니쏘리니 戌字 처ᅀᅥᆷ 펴아나
ᄂᆞᆫ 소리 ᄀᆞᄐᆞ니 ᄀᆞᆯᄫᅡ 쓰면 邪字
처ᅀᅥᆷ 펴아나ᄂᆞᆫ 소리 ᄀᆞᄐᆞ니라
ㆆᄂᆞᆫ 喉音이니 如挹字初
ㅅᄂᆞᆫ 齒音이니 如戌字初
發聲ᄒᆞ니 並書ᄒᆞ면 如邪
字初發聲ᄒᆞ니라
ㅅᄂᆞᆫ 니쏘리니 戌字 처ᅀᅥᆷ 펴아나
ᄂᆞᆫ 소리 ᄀᆞᄐᆞ니 ᄀᆞᆯᄫᅡ 쓰면 邪字
처ᅀᅥᆷ 펴아나ᄂᆞᆫ 소리 ᄀᆞᄐᆞ니라

네번째 이야기
모든 것의 완성 예수 그리스도

예수께서 베드로의 집에 들어가사 그의 장모가 열병으로 앓아 누운 것을 보시고 그의 손을 만지시니 열병이 떠나가고 여인이 일어나서 예수께 수종들더라 저물매 사람들이 귀신 들린 자를 많이 데리고 예수께 오거늘 예수께서 말씀으로 귀신들을 쫓아 내시고 병든 자들을 다 고치시니 이는 선지자 이사야를 통하여 하신 말씀에 우리의 연약한 것을 친히 담당하시고 병을 짊어지셨도다 함을 이루려 하심이더라(마태복음 8:14-17)

04

말씀이 진리라면 그 안에 모든 학문이 들어 있습니다. 이 시대 학문의 완성은 예수 그리스도이십니다. 우리는 텔레비전을 보면서 많은 정보를 얻지만, 그 회로와 구성 원리까지 다 알 필요는 없습니다. 유익을 누리기만 하면 됩니다. 모든 학문의 완성이 예수 그리스도라는 것은 예수님을 믿는 사람이라면, 우리 안의 성령님께서 그것을 증거하실 것입니다.

우리가 다 알 수는 없어도 계시의 성령님께서 우리 안에 믿음과 확증을 넣어 주십니다. 우리는 이 놀라운 사실을 누리며 살아야 합니다.

사실 예수님은 모든 학문, 경제, 정치, 문화, 예술, 즉 모든 분야의 완성이십니다. 그 분은 하나님이시요, 죄가 없으신 분입니다. 이 사실은 그리스도인이라면 마음에 품고 있는 신앙고백일 것입니다. 이것을 이제 우리가 누리기를 원합니다.

"나의 주님, 이 시대 의학이 예수 그리스도를 향한 예배가 되게 하시고, 이 시대 학문이 예수그리스도를 향한 예배가 되게 하소서. 저를 아브라함처럼 복의 근원으로 쓰소서. 민족과 열방과 구원받을 모든 인류의 축복의 통로가 되기 원합니다."

예수 그리스도, 그 이름만을 묵상할 때 모든 것이 완성되는 것을 느낍니다.

둘. 세계선교

대학생선교단체에서 활동을 한 적이 있습니다. 열정적인 마음으로 전도하고, 세계를 마음에 품고 세계선교를 위해 기도하던 시절이 지금 신앙생활의 중요한 밑바탕이 되었습니다. 그래서 제 가슴속에는 항상 세계선교에 대한 마음이 자리잡고 있습니다.

> 오직 성령이 너희에게 임하시면 너희가 권능을 받고 예루살렘과 온 유대와 사마리아와 땅 끝까지 이르러 내 증인이 되리라 하시니라.(사도행전 1:8)

복음 전파의 역사를 살펴보면 예루살렘에서 시작된 복음은 유럽을 거쳐서 미국을 지나 우리나라까지 전해졌습니다. 현재 중국은 복음의 역사로 불타고 있고, 이제 이슬람권으로 나아가야 할 때라는 의견이 많습니다. 이스라엘 역시 다시 한 번 주님의 역사가 휘몰아쳐야 할 곳입니다.

사도행전을 보면, 놀라운 성령님의 역사하심과 인도하심이 각 장마다 펼쳐집니다. 하나님이 바울의 길을 인도하십니다. 바울의 손수건만 닿아도 병이 낫습니다. 이제, 중동과 이스라엘의 복음 전파도 성령님께서 절대적으로 인도하실 것을 확신합니다.

저는 의사로서, 치유의 도구로서, 의료를 통한 하나님 나라의 확장에 관심이 많습니다. 예수님도 수많은 환자들을 고치시며 복음을 전하셨고, 베드로나 사도 바울도 수많은 치유의 기적을 행했습니다. 지금 이 시대에도 수많은 성령님의 인도하심 속에 많은 환자들이 기도와 말씀을 통해 치유받고 있습니다. 복음이 아직 들어가지 못한 곳, 마음이 닫힌 곳에도 병 치유를 통한 많은 역사가 일어나리라 생각합니다.

그들을 옭아매던 질병이 사라짐 같이 그들의 마음은

녹아내릴 것입니다. 하나님은 하나님의 때에 가장 알맞은 방법으로 치유하실 것이며, 많은 치유자를 쓰실 것입니다.

우리나라에서 시작한 예수한의원이 전 세계에 퍼져나가길 소망합니다. 주님이 치료의 주인 되심을 선포할 것이며, 모든 치료의 영광은 조금도 남김없이 하나님이 받으실 것입니다.

셋. 성(性)

요즘 현대인에게 성(性)만큼 관심 있는 주제도 드물 것입니다. 일반인은 물론이고, 목회자들까지도 성의 유혹 앞에 무너지는 경우를 보게 됩니다. 유다와 이스라엘을 통일하고, 블레셋, 에돔, 암몬을 쳐 나가며 하나님의 놀라운 축복 속에 있던 다윗도 밧세바를 범하는 우를 범하게 됩니다.

지금의 아내와 연애하던 시절, 아주 인상 깊게 읽었던 책 중에 조슈아 해리스 Joshua Harris의 《예스 데이팅 Yes, dating》이라는 책이 있습니다. 그 당시만 해도 지금과 같은 신앙이 아니었기 때문에, 아직 저에게는 세상적인 습관과 사고방식이 많이 남아 있던 때였습니다. 하나님을 원하며 그분이 원하시는 삶의 방식을 갈구했지만 이전에 해 왔던 세상적인 생활습관의 잔재가 남아 있었습니다. 그 시절 저에게 좋은 지침이 되어 주었던 책입니다. 혼전순결, 결혼 전의 절제된 삶, 하나님 안에서의 성과 Sex란 무엇인가를 잘 정리할 수 있었습니다.

하나님은 우리가 부부관계를 하는 그 순간, 성관계를 하는 그 순간에도 모든 것을 주관하는 하나님이십니다. 월경이 끊어진 사라의 태를 여시고 아브라함의 마음을 동하게 하시어 부부관계를 축복의 통로로 쓰신 분이 바로 하나님이십니다.

여호와 하나님이 이르시되 사람이 혼자 사는 것이 좋지 아니하니 내가 그를 위하여 돕는 배필을 지으리라 하시니라.(창세기 2:18)

하나님께서는 아담이 혼자 있는 것이 좋지 못하다고 여기시고 그를 위하여 하와를 지으십니다. 하나님은 우리의 몸을 만드셨고, 성을 만드셨습니다.

그러나 인간이 타락한 후, 인간은 자신이 삶의 주인

이 되려 하였고, 성(性)도 자신의 마음대로 이용하려 합니다. 우리의 주인이 하나님이심을 고백할 때 온전한 성을 알고 누릴 수 있습니다. 그러나 인간 스스로가 주인이 되려고 할 때 성은 이상한 형태로 변질되게 됩니다. 천국에서 성은 수치스럽거나 숨겨야 할 것이 아니라 자연스럽고 감사한 일이 될 것입니다.

조슈아 해리스의 말처럼 서로의 성을 아름답게 지켜주다가 결혼 첫날밤, 하나님 안에서 상대와 나누게 되는 그 행복은 하나님이 주신 축복이 될 것입니다.

그러나 이 시대에는 성적인 관계가 수많은 죄악과 파멸의 통로가 되고 있습니다. 성경의 여러 곳에서 경고하고 있습니다.

너희 몸이 그리스도의 지체인 줄을 알지 못하느냐 내가 그리스도의 지체를 가지고 창녀의 지체를 만들겠느냐 결코 그럴 수 없느니라. 창녀와 합하는 자는 그와 한 몸인 줄을 알지 못하느냐 일렀으되 둘이 한 육체가 된다 하셨나니. 주와 합하는 자는 한 영이니라. 음행을 피하라 사람이 범하는 죄마다 몸 밖에 있거니와 음행하는 자는 자기 몸에 죄를 범하느니라. 너희 몸은 너희가 하나님께로부터 받은 바 너희 가운데 계신 성령의 전인 줄을 알지 못하느냐 너희는 너희 자신의 것이 아니라. 값으로 산 것이 되었으니 그런즉 너희 몸으로 하나님께 영광을 돌리라.(고린도전서 6:15-20)

여러 가지 고운 말로 유혹하며 입술의 호리는 말로 꾀므로 젊은이가 곧 그를 따랐으니 소가 도수장으로 가는 것 같고 미련한 자가 벌을 받으려고 쇠사슬에 매이러 가는 것과 같도다. 필경은 화살이 그 간을 뚫게 되리라 새가 빨리 그물로 들어가되 그의 생명을 잃어버릴 줄을 알지 못함과 같으니라. 이제 아들들아 내 말을 듣고 내 입의 말에 주의하라. 네 마음이 음녀의 길로 치우치지 말며 그 길에 미혹되지 말지어다. 대저 그가 많은 사람을 상하여 엎드러지게 하였나니 그에게 죽은 자가 허다하니라. 그의 집은 스올의 길이라 사망의 방으로 내려가느니라.(잠언 7:21-27)

구약시대부터 현재까지 많은 시간이 흘렀어도 하나님의 말씀은 변함이 없습니다. 많은 사람들이 성에 개방되고 자유로워지는 것이 세련된 것처럼 생각하고 소위 말하는 Cool하다는 생각으로 속고 있습니다. 하지만 결혼 전 성관계를 갖는 것은 하나님의 성전을 소중히 여기지 않는 것입니다. 또한 아내 외의 여자를 범하는 것은 죄악이며 그 대가는 철저합니다. 다윗도 남의 아내를 범함으로 인해 무서운 결과를 초래하였습니다. 하나님의 기준은 그때나 지금이나 동일합니다. 사람들이 간음을 묵인하고 이해할지라도 그것이 절대 기준이 될 수 없습니다. 하나님의 심판은 언제나 동일하십니다.

본격적으로 신앙생활을 시작하던 시절 딘 셔만 Dean Sherman의 《영적전쟁》을 읽게 되었습니다. 정말 죽기 살기로 신앙생활을 시작했던 터라, 빨려 들어가듯이 이 책을 읽기 시작했습니다. 강원도 양구에서 처했던 상황이 그냥저냥 쉽게 해결될 만한 상황이 아니었기 때문에 마치 보물찾기하듯이 책을 탐독했습니다.

마귀나 귀신에 대해서는 알고 싶지도 않았고, 일부러라도 관심을 갖고 싶지 않았습니다.

그러나 정신적 강박증이 심각해져 가자 도저히 제 의지나 노력으로는 조절할 수 없는 부분이 있다는 것을 뼈저리게 느끼게 되었고, 내 속에 도저히 나라고 할 수 없는 무언가가 있다는 결론을 내리게 되었습니다. 한 줄기 빛을 찾던 중 이철규 목사님과 상담을 하면서 목사님이 추천해 주신 《영적전쟁》을 손에 쥐었습니다.

사탄이나 마귀는 우리 삶 속에서 동떨어져 있는 존재가 아닙니다. 글을 쓰고 있는 이 순간에도 조금만 틈을 보이면 바로 말을 걸 수 있는 존재입니다. 예수님을 믿지 않는 세상 사람들은 사탄의 음성인지, 자신의 생각인지, 성령님의 음성인지 구별할 능력이 없기 때문에 사탄의 장난에 놀아나게 됩니다. 저 역시도 이 음성을 구분하는 것이 중요한 기도와 제목입니다.

> 그 때에 너희는 그 가운데서 행하여 이 세상 풍조를 따르고 공중의 권세 잡은 자를 따랐으니 곧 지금 불순종의 아들들 가운데서 역사하는 영이라.(에베소서 2:2)

세상은 점점 악해져 가고, 물질을 사랑하는 시대가 되어 갑니다. 각종 간음과 살인을 우리 주변에서 쉽게 볼 수 있습니다.

성경을 살펴보면 범죄와 살인, 그리고 사탄의 속삭

임은 예전부터 있었습니다.

사탄에게 넘어가 사과를 먹은 하와, 아벨을 죽인 가인, 또한 성경을 보면 강간사건, 강간 후 몸을 조각낸 살인까지 요즘 뉴스에서 볼 수 있는 사건들이 등장하고는 합니다.

사탄의 속삭임에 조금씩 내 중심을 내어 주게 되면, 나중에는 내가 하는 일인지, 내 안에 다른 누군가가 하는 일인지 구별하기 힘든 상태가 됩니다. 거짓말이 거짓말을 낳고, 죄가 죄를 낳는 것처럼 나중에는 사탄의 노예가 되어서 모든 것을 잃게 되는 것이죠.

우리 그리스도인들은 군사입니다. 전쟁을 준비하고 치르는 군사입니다.

> 우리의 씨름은 혈과 육을 상대하는 것이 아니요 통치자들과 권세들과 이 어둠의 세상 주관자들과 하늘에 있는 악의 영들을 상대함이라.(에베소서 6:12)

우리가 누군가와 문제가 생겼다면 그 사람과 싸울

일이 아니라 하늘의 악한 영들과 대적할 일입니다. 많은 매체들이 사탄을 꼬리 달리고 창을 든 우스꽝스런 존재로 미화하거나 혹은 동화나 옛날이야기에서 볼 것 같은 존재로 만드는 것은 매우 위험한 일입니다. 귀신이나 사탄은 우리 옆에 실제 존재하는 영입니다.

그러나 그리스도인은 두려워할 필요가 전혀 없습니다. 하나님의 자녀가 된 우리는 사탄과의 전쟁에서 승리가 예비 되어 있습니다.

> 죄를 짓는 자는 마귀에게 속하나니 마귀는 처음부터 범죄함이라 하나님의 아들이 나타나신 것은 마귀의 일을 멸하려 하심이라.(요한1서 3:8)

> 또 그들을 미혹하는 마귀가 불과 유황 못에 던져지니 거기는 그 짐승과 거짓 선지자도 있어 세세토록 밤낮 괴로움을 받으리라.(요한계시록 20:10)

우리는 홀로 마귀와 싸워서 이길 수 없습니다. 마귀

와 1대 1로 대면하여 그 생각에 일일이 대답하고 항변하다 보면 오히려 마귀의 꾀에 말려들 수 있습니다. 오직 하나님 안에서 믿음으로, 기도와 말씀, 그리고 성령님의 인도하심으로 이겨낼 수 있습니다.

그러므로 하나님의 전신 갑주를 취하라 이는 악한 날에 너희가 능히 대적하고 모든 일을 행한 후에 서기 위함이라.(에베소서 6:13)

모든 것 위에 믿음의 방패를 가지고 이로써 능히 악한 자의 모든 불화살을 소멸하고, 구원의 투구와 성령의 검 곧 하나님의 말씀을 가지라.(에베소서 6:16-17)

예수님도 마귀에게 시험을 받았을 때에 하나님의 말씀으로 물리치셨습니다.

또 이끌고 예루살렘으로 가서 성전 꼭대기에 세우고 이르되 네가 만일 하나님의 아들이어든 여기서 뛰어내리라. 기록되었으되 하나님이 너를 위하여 그 사자들을 명하사 너를 지키게 하시리라 하였고, 또한 그들이 손으로 너를 받들어 네 발이 돌에 부딪치지 않게 하시리라 하였느니라. 예수께서 대답하여 이르시되 주 너의 하나님을 시험하지 말라 하였느니라.(누가복음 4:9-12)

누가복음 4장을 보면 예수님이 마귀의 질문에 일일이 해명하지 않으시고 하나님과 동행하시며 말씀으로 마귀를 물리치시는 것을 볼 수 있습니다.

의문에 직접적으로 대적할 수도 있지만 그럴 필요 없이 성령님이 주시는 말씀으로 이겨낼 때도 있습니다. 결국 모든 것은 성령님의 인도하심을 받는 것이 중요하다고 생각합니다.

다섯. 비판하지 말라

비판을 받지 아니하려거든 비판하지 말라. 너희가 비판하는 그 비판으로 너희가 비판을 받을 것이요 너희가 헤아리는 그 헤아림으로 너희가 헤아림을 받을 것이니라. 어찌하여 형제의 눈 속에 있는 티는 보고 네 눈 속에 있는 들보는 깨닫지 못하느냐.(마태복음 7장 1-3절)

비판하지 말라 그리하면 너희가 비판을 받지 않을 것이요 정죄하지 말라 그리하면 너희가 정죄를 받지 않을 것이요 용서하라 그리하면 너희가 용서를 받을 것이요.(누가복음 6장 37절)

이 말씀을 접했을 때, '비판하지 말라'는 말씀은 상당한 충격이었습니다. 예전부터 학자의 꿈을 키워왔던 저로서는 '비판'이라는 것은 발전을 위한 당연한 과정으로 생각해 왔습니다. 그런데 '비판하지 말라'니요?

'과연 비판하지 않으면 어떤 발전이 있을까…?'

그러나 말씀을 읽으며 말씀에 순종해야겠다는 생각을 하게 됩니다. 주님이 비판하지 말라 하시면 말아야겠지요.

한의학계에는 수많은 논쟁들이 있습니다. 어느 분야나 마찬가지일 것입니다. TV 프로그램 중 100분 토론을 보면 서로 상반된 의견이 통일되는 경우는 거의 없습니다. 이 시대는 비판이 일상이 된 사회입니다. 네 눈의 들보는 보지 못하면서 남의 눈의 티를 보느냐는 예수님의 말씀이 쩌렁쩌렁 울립니다.

그리고 내용보다는 중심이 중요합니다. 같은 내용이라도 사랑이 담긴 조언이 될 수도 있고 비판을 위한 비판이 될 수도 있기 때문입니다. 다른 사람에게 어떤 이야기를 하려 할 때 동일한 이야기일지라도 자연스럽게 할 때가 있고 막힐 때가 있습니다. 그러면 그 중심을 보게 됩니다. 성령님께서 내 마음 깊은 곳의 중심을 보여 주십니다. 사랑이 있는가. 없는가.

비판하는 마음의 뿌리를 살펴보면 두려움이 있습니

다. 두려운 마음이 자신을 방어하려는 마음을 낳고 그 방어막이 남을 향한 칼이 됩니다.

언제부턴가 한의학 서적을 읽으면서 한 학파가 다른 학파를 비판하는 내용을 보면, 그 핵심만 취하고 비판하는 부분은 취하지 않습니다. 비판하려는 내용만 취하고 그 비판은 버립니다. 판단은 하나님이 하는 것이요, 우리는 따를 뿐입니다. 이런 마음으로 공부를 하면 흡수력이 배가 됩니다. 집중할 곳에 집중하고 버릴 것은 버릴 수 있습니다.

하나님은 솔로몬에게 엄청난 지혜를 부으셨습니다.

> 하나님이 솔로몬에게 이르시되 이런 마음이 네게 있어서 부나 재물이나 영광이나 원수의 생명 멸하기를 구하지 아니하며 장수도 구하지 아니하고 오직 내가 네게 다스리게 한 내 백성을 재판하기 위하여 지혜와 지식을 구하였으니 그러므로 내가 네게 지혜와 지식을 주고 부와 재물과 영광도 주리니 네 전의 왕들도 이런 일이 없었거니와 네 후에도 이런 일이 없으리라 하시니라.(역대하 1:11-12)

지혜의 근원은 하나님이십니다.

여호와를 경외하는 것이 지혜의 근본이요 거룩하신 자를 아는 것이 명철이니라.(잠언 9:10)

우리가 하나님을 경외하며 말씀을 따를 때, 하나님은 지혜를 부으십니다.

수고하고 무거운 짐 진 자들아 다 내게로 오라 내가 너희를 쉬게 하리라.(마태복음 11:28)

시험기간만 되면 밤을 새서 공부하고 마음 졸이며 고민했던 적이 있습니다. 부담 없이 공부할 수 없을까 생각했었습니다. 이상하게 재미있던 공부도 시험기간만 되면 부담이 되고, 재미없던 TV 프로그램도 시험기간만 되면 왜 이리 재미있던지! 그러나 하나님 안에서 학문을 하고 하나님의 영광을 위해 공부를 하면서 하나님 아버지와 동행하는 것이 공부가 되었습니다.

"공부하는 것이 만화책보는 것이랑 비슷해." 이런 말까지 하고는 합니다. 부담 없이, 시간제약 없이, 자유함으로 공부를 하게 되니 더 이상 책이 두렵지 않습니다. 잘 모르는 분야라도, 책의 양이 방대하더라도 두려움 없이 하나님을 의지하며 나아갑니다. 성령의 검을 쥔 학자로 학문의 전쟁터에서 승리하여 하나님의 이름을 높여드리기 위해 나아갑니다.

여섯. 사소한 움직임

이 세상의 모든 사건에는 하나님의 개입하심이 있습니다. 스위스의 종교개혁가였던 쯔빙글리는 다음과 같이 말했습니다.

"하나님께 속하지 않은 것이 존재할 수 있다면 하나님은 무한(無限)하지 않을 것이다."

귀뚜라미의 울음소리, 작은 벌레의 발걸음, 아버지의 식사 중 기침에도 하나님의 개입하심과 뜻이 있습니다. 이 모든 일에 하나님을 인정할 때 우리는 인도하심에 편안함을 느끼게 됩니다.

너는 범사에 그를 인정하라 그리하면 네 길을 지도하시리라.(잠언 3:6)

하나님 안에서 연단을 받으며 작은 것 하나에도 하나님의 메시지를 생각하게 되었습니다.

지금 이 시간 글을 쓰고 있는 손 마디마디, 내용 하나하나에도 성령님과 동행합니다. 글을 쓰다가 컴퓨터가 갑자기 꺼져서 글들이 모두 날아간다 해도 화낼 일이 아니라 상황에 담긴 하나님의 음성을 듣도록 노력해야 할 때입니다. 그러면 갑작스런 상황일지라도 아무리 위험한 때라도 차분해질 수 있습니다. 적에게 쫓기며 목숨의 위협을 받던 다윗이 마음 편히 잠을 잘 수 있었고, 감옥에 갇혀 목숨이 위태롭던 베드로도 마음 편히 잠을 잘 수 있었던 것 같이요.

> 너는 범사에 그를 인정하라 그리하면 네 길을 지도하시리라.(잠언 3:6)

잠언 3장 6절의 말씀대로 하나님의 계획이 무엇일까 살펴보고 인도하심을 따라가면 그것이 축복이 됩니다.

역에서 기차를 타기 위해 표를 꺼냈는데 시간을 잘

못 알았다면 어떻게 하겠습니까? 마음에 주름 하나 늘리기 보다는 표를 바꾸고 남는 시간 동안 묵상을 하는 시간이 될 수 있을 것입니다. 또한 더 큰 실수를 예방하는 일이 될 수도 있습니다. 물론 자신의 실수는 별개의 문제지만, 중요한 것은 지난 일에 대한 후회가 아니라 이것을 선으로 바꾸시는 하나님께 온전히 집중하는 것입니다. 마음이 나누어지지 않을 때 평안이 임합니다. 이 걱정, 저 걱정 여러 후회들로 마음의 생각이 나누어지고 쪼개어지면, 마음이 불안하며 한 곳에 온전히 집중할 수 없습니다.

평안을 너희에게 끼치노니 곧 나의 평안을 너희에게 주노라 내가 너희에게 주는 것은 세상이 주는 것과 같지 아니하니라 너희는 마음에 근심하지도 말고 두려워하지도 말라.(요한복음 14:27)

일곱. 하나님의 선물, 믿음-2

너희는 그 은혜에 의하여 믿음으로 말미암아 구원을 받았으니 이것은 너희에게서 난 것이 아니요 하나님의 선물이라.(에베소서 2:8)

에베소서 2장 8절에서 믿음은 우리에게서 나온 것이 아니라 하나님의 선물이라고 말씀하고 계십니다. 예수님을 믿고 있는 것이 우리의 노력의 산물이 아니라 하나님께 선물로 받은 것임을 알려 주고 있습니다. 의지적인 믿음의 노력이 귀한 것이나 이것조차 하나님께서 주관하시며 부어 주시는 것입니다. 하나님께 붙들려 있지 않은 노력은 아무런 의미가 없습니다.

모든 것은 하나님의 주권 안에 있습니다. 하나님이 선물로 주신 믿음은 우리의 행위로 흔들릴 수 있는 것이 아닙니다. 로마서 9장 말씀을 보겠습니다.

그 자식들이 아직 나지도 아니하고 무슨 선이나 악을 행하지 아니한 때에 택하심을 따라 되는 하나님의 뜻이 행위로 말미암지 않고 오직 부르시는 이로 말미암아 서게 하려 하사 리브가에게 이르시되 큰 자가 어린 자를 섬기리라 하셨나니 기록된 바 내가 야곱은 사랑하고 에서는 미워하였다 하심과 같으니라. 그런즉 우리가 무슨 말을 하리요 하나님께 불의가 있느냐 그럴 수 없느니라. 모세에게 이르시되 내가 긍휼히 여길 자를 긍휼히 여기고 불쌍히 여길 자를 불쌍히 여기리라 하셨으니 그런즉 원하는 자로 말미암음도 아니요 달음박질하는 자로 말미암음도 아니요 오직 긍휼히 여기시는 하나님으로 말미암음이니라.(로마서 9:11-16)

'기독교에서 바라보는 하나님은 어떤 존재일까?' 예전의 저의 마음에 품었던 물음입니다. 궁금증은 신앙이 성숙해지면서 점차 변해갔습니다.

'하나님은 과연 어떤 하나님일까?'

'올해 하나님의 뜻은 무엇일까?'

'오늘 하루 하나님의 뜻은 무엇일까?'

'지금 이 순간 하나님의 뜻은 무엇일까?'

고통과 신음 속에서 이루어 낸 과정이었습니다. 하루하루가 긴박하고 너무나 고통스러울 때, 내일과 미래를 걱정하는 것이 때로는 전혀 도움이 되지 않는다는 것을 알게 되었습니다. 한순간 한순간을 대처하는 것이 투쟁이며 터널의 끝을 알 수 없을 때, 그때마다 주님과 대화하며 헤쳐 나가는 법을 배우게 된 것입니다.

그러므로 내일 일을 위하여 염려하지 말라 내일 일은 내일이 염려할 것이요 한 날의 괴로움은 그 날로 족하니라.(마태복음 6:34)

내일 일을 염려하지 말라는 주님의 명령이십니다. 매 순간 기도하며 상황을 해결해 나가다 보면 고통 속에서 자유함을 느끼게 됩니다. 갑작스런 상황이 닥쳐서 가슴이 두근거리고 몸은 떨릴지라도 영혼은 단단한 벽으로 보호막이 쌓인 것처럼 평온함이 느껴집니다. 만약 수능시험을 볼 때 옆에서 선생님이 같이 시험문제를 풀어 준다면 수능시험보기 전날 두 다리 쭉 펴고 잠을 잘 수 있겠죠. 단 한 순간도 자리를 비우지 않으시는 성령님의 인도하심과 보호하심에 대한 확신이 생기게 되면, 어떤 돌발적인 상황이 오더라도 나와 함께하실 성령님이 계시기에 담대해질 수 있습니다.

너는 그들을 두려워하지 말라 너희의 하나님 여호와 곧 크고 두려운 하나님이 너희 중에 계심이니라.(신명기 7:21)

아홉. 이단

현재 우리나라에서 자신이 예수라고 주장하는 사람이 공식적으로만 30명이 넘는다고 합니다. 재림예수라며 사진이 있는 전단지가 집으로 들어온다고 합니다.

마태복음을 보면 다음과 같은 말씀이 있습니다.

> 예수께서 감람 산 위에 앉으셨을 때에 제자들이 조용히 와서 이르되 우리에게 이르소서 어느 때에 이런 일이 있겠사오며 또 주의 임하심과 세상 끝에는 무슨 징조가 있사오리이까. 예수께서 대답하여 이르시되 너희가 사람의 미혹을 받지 않도록 주의하라. 많은 사람이 내 이름으로 와서 이르되 나는 그리스도라 하여 많은 사람을 미혹하리라.(마태복음 24: 3-5)

세상 마지막 날에는 어떠한 징조가 있는지 제자들이 주님께 여쭙니다. 주님은 여러 가지 징조를 말씀하셨습니다. 그 중 하나로 여기저기서 본인이 그리스도라 칭하는 사람들이 나타날 것이라고 예언하십니다. 그리고 그 때가 마지막 시대의 징조라고 말씀하십니다.

우리에게는 많은 이단들이 알려져 있습니다. 그러나 그들을 왜 이단이라고 하는지 잘 모르는 경우가 많습니다. 이단이라고 판단하기 전에 왜 이단인지 아는 것이 중요합니다. 그것은 우선 우리가 이단이 되지 않기 위함입니다. 본인이 예수님이라고 자칭(自稱)하는 존재에 대해서 미혹되어서는 안 됩니다. 이단 중에는 예수라 주장하며 자신이 죽고 얼마 후 부활할 것이라고 이야기하는 사람도 있다고 합니다. 예수님은 2000년 전 십자가에 매달려 죽으시고, 부활하셨습니다. 그리고 이 세상을 심판하는 날, 다시 오실 것입니다. 오직 주님은 예수 그리스도 한 분뿐이십니다.

자칭 예수라는 사람들이 설령 표적과 기사를 보일 수 있습니다. 그러나 성경은 결코 그들을 믿지 말라고 기록하고 있습니다.

그 때에 사람이 너희에게 말하되 보라 그리스도가 여기 있다 혹은 저기 있다 하여도 믿지 말라. 거짓 그리스도들과 거짓 선지자들이 일어나 큰 표적과 기사를 보여 할 수만 있으면 택하신 자들도 미혹하리라.(마태복음 24:23-24)

열. 하나님의 자리

종들아 두려워하고 떨며 성실한 마음으로 육체의 상전에게 순종하기를 그리스도께 하듯 하라.(에베소서 6:5)

하나님은 지도자를 세우시고 권위를 부여하십니다. 그를 따르는 사람들은 그에게 순종하라 하십니다.

상전들아 너희도 그들에게 이와 같이 하고 위협을 그치라 이는 그들과 너희의 상전이 하늘에 계시고 그에게는 사람을 외모로 취하는 일이 없는 줄 너희가 앎이라.(에베소서 6:9)

지도자는 자신이 하나님의 종인 것을 깨달아야 합니다. 모세가 애굽에서 이스라엘 사람들을 이끌고 나와 광야생활을 하는 과정에서 하나님은 모세에게 말씀을 주시고 권위를 주십니다. 기적과 표적을 행하게 하시고 그의 앞길을 인도하십니다. 모세는 자신을 드러내려 하지 않고 하나님 안에 있었습니다.

모세가 여호와 앞에 들어가서 함께 말할 때에는 나오기까지 수건을 벗고 있다가 나와서는 그 명령하신 일을 이스라엘 자손에게 전하며 이스라엘 자손이 모세의 얼굴의 광채를 보므로 모세가 여호와께 말하러 들어가기까지 다시 수건으로 자기 얼굴을 가렸더라.(출애굽기 34:34-35)

하나님께서 세우신 그 질서 안에서 지도자와 따르는 자가 모두 하나님 안에 있어야 합니다. 지도자가 하나님 안에 있지 않으면 지도자가 하나님의 위치에 앉게 됩니다. 이는 사탄이 주로 이용하는 수법입니다.

너희가 그것을 먹는 날에는 너희 눈이 밝아져 하나님과 같이 되어 선악을 알 줄 하나님이 아심이니라.(창세기 3:5)

우리가 하나님과 같이 되라고 사탄은 속삭입니다. 자신을 따르는 사람들을 하나님 안에서 인도해야 합니다. 지도자를 따르는 사람들도 하나님이 지도자에게 주신 권위를 인정하고 순종해야 하지만 그 범위가 지도자가 하나님이 되어서는 안 됩니다.

하나님의 자리를 영적 지도자들이 차지하는 것을 종종 목격할 때가 있습니다. 그로 인해 파생되는 수많은 결과물들 보고는 합니다. 우리는 지도자를 잘 섬기고 존중해야 합니다. 하지만 그들을 하나님의 자리에 앉히는 우(愚)를 범치 말아야 할 것입니다.

열하나. 후회=짐

죄를 짓고 나서 무언가 잘못되었다는 것을 깨달았다면 바로 회개해야 합니다. 그런데 우리는 죄를 회개한 후에도 그 일을 자꾸 되새기며 후회하고 또 후회합니다. 과거의 잘못을 하나님께 회개하고 용서받았다면 계속 그 죄에 매여 있을 필요가 없습니다. 하나님이 죄 없다 하신 것에 죄책감을 갖는 것 또한 죄입니다.

> 만일 우리가 우리 죄를 자백하면 그는 미쁘시고 의로우사 우리 죄를 사하시며 우리를 모든 불의에서 깨끗하게 하실 것이요.(요한1서 1:9)

이런 일화가 있습니다.

6.25 전쟁시절, 피난을 가던 할머니가 무거운 짐을 머리에 얹고 길을 가고 있었습니다. 군용차량이 지나가던 중 할머니를 보고 태워 주었습니다. 그런데 할머니는 차에 타서도 머리에 이고 있던 짐 보따리를 내려놓지 않았습니다.

"할머니, 짐 내려놓아도 되세요."

"에고 태워주는 것만도 고마운데 무겁게 어떻게 짐을 내려놔요."

하나님과 저의 이야기입니다. 하나님께서 보시기에 저는 짐을 내려놓지 않는 할머니였습니다. 하나님 앞에서 바로 서서 그분의 뜻에 따라 살기를 원합니다. 하지만 그럴수록 내가 혹 잘못한 게 있는가, 하나님의 뜻을 놓친 것이 있는가에 사로 잡혔습니다. 하나님께 붙들리려는 열정은 좋은 것이지만, 자유함이 없다면 많은 상처를 입게 되는 것입니다.

사랑 안에 두려움이 없고 온전한 사랑이 두려움을 내쫓나니 두려움에는 형벌이 있음이라 두려워하는 자는 사랑 안에서 온전히 이루지 못하였느니라.(요한1서 4:18)

사랑의 말씀을 의지하고 성령님을 의지하여 마음에 평안을 얻으니 제 안에 자리 잡은 죄책감이 도망갑니다.

주변을 보면, 후회하지 않아도 될 것을 후회하는 모습들을 발견하게 됩니다.

예를 들어 A와 B라는 길에서 A길이 막힐 것 같아서 B길로 갔는데, 막상 가 보니 B길이 더 막히는 경우가 있다고 합시다. 이런 경우, 'A길로 갈 걸' 하는 마음이 들 수는 있으나 계속 안타까워하고, 잘못 선택한 것에 마음이 매인다면 이는 잘못입니다. 매사에 하나님 안에서 결정하고 하나님이 죄라고 하시지 않는 다면, 그 결정의 결과에 필요이상으로 후회할 필요가 없습니다. 결과는 하나님이 책임져 주십니다.

> 우리가 알거니와 하나님을 사랑하는 자 곧 그의 뜻대로 부르심을 입은 자들에게는 모든 것이 합력하여 선을 이루느니라.(로마서 8:28)

어떤 잘못을 했을 때, 회개하고 내가 할 수 있는 범위까지 돌이킨 후라면 할 수 없는 범위까지 다 책임지려 하지 마십시오. 모든 결과를 내가 책임지고 해결해야 한다는 생각이 자기애와 교만이 될 수 있습니다. 하나님께 맡겨야 할 부분이 있다고 생각합니다.

열둘. 신앙과 인격

Doing = 사역, 행동

Being = 존재, 인격

'Doing'과 'Being'이 있습니다. Being은 절대적으로 Doing을 앞서가야 합니다. 저의 영적인 아버지 이철규 목사님이 즐겨 하시는 말씀입니다.

전도하기 위해 거리로 나가는 행동, 교회를 건축하는 행위는 Doing입니다.

우리의 인격, 품성, 성숙도는 Being입니다.

위급한 상황이 되면 'Being'이 드러납니다. 당황스럽고, 억울하고, 혼란스러운 상황에 우리의 Being이 성숙하지 않다면 그에 따르는 Doing은 좋은 열매를 맺기 어렵습니다. 하나님의 일을 하려는 열정으로 많은 Doing

을 행하지만, 결국 Being의 존재와 인격이 드러나게 됩니다.

> 오직 성령의 열매는 사랑과 희락과 화평과 오래 참음과 자비와 양선과 충성과 온유와 절제니 이같은 것을 금지할 법이 없느니라.(갈라디아서 5:22-23)

성령의 열매를 맺는 사람은 Doing을 행할 때 하나님이 책임져 주십니다. 무엇을 하든 예수님의 향기가 드러나고 영향력이 있습니다. 코스모스의 향기를 맡고 많은 벌들이 모이는 것처럼 예수님의 향기를 맡고 사람들이 모입니다. 잠깐만 대화를 해도 예수님의 향기가 흘러나오고 사람들에게 감동을 줍니다. 그들을 변화시킵니다.

열셋. 내려놓음+자유의지

이용규 선교사님의 《내려놓음》을 읽었습니다. '내려놓음'은 모든 신앙인에게 익숙한 주제일 것입니다. 내 안에 가득 찬 나를 내보내고 주님을 모실 때 내려놓을 수 있습니다. 우리의 방에 있는 욕심과 아집을 버리면 주님의 것을 충만히 채워 축복해 주십니다.

너의 행사를 여호와께 맡기라 그리하면 네가 경영하는 것이 이루어지리라.(잠언 16:3)

우리의 계획을 내려놓고 주님을 따를 때, 결국 우리가 경영하는 것이 이루어진다는 것을 경험하게 됩니다. 내려놓기 위해 기도해야 합니다. 믿음이 우리의 의지로 인한 노력이 아니라 하나님께서 주시는 선물이듯 무언가를 내려놓는다는 것은 성령님의 도움이 필요합니다.

하나님은 우리에게 자유의지를 주셨습니다. 자유의지는 기독교 역사에서 오래전부터 고민거리입니다. 저도 참 헷갈립니다. 어디까지가 주님이 주신 자유의지일까요? 또 어디까지 내려놓는 것이 하나님의 뜻일까요?

이것은 꼭 말하고 싶네요. 우리에게는 반드시 내려놓아야 할 것들이 있습니다. 그런데 내려놓음을 인간적인 욕심으로 생각하다 보면 너무 자신의 의지를 꺾으려고만 하게 됩니다. 내려놓음이라는 아래에 말이죠. 이것도 해가 될 수 있습니다. 하나님의 뜻을 따라야 한다는 인간적인 의지로 인해, 원하지 않는 방향으로만 결정해 나가려는 모습이 때로는 억지스러운 선택이 될 수 있습니다.

> 너희 안에서 행하시는 이는 하나님이시니 자기의 기쁘신 뜻을 위하여 너희에게 소원을 두고 행하게 하시나니.(빌립보서 2:13)

하나님은 우리의 선택을 통하여 가장 아름다운 결과를 만드십니다. 당신에게 소원을 주시는 분도 하나님이시고, 그 길을 인도하시는 분도 하나님이십니다. 성숙함으로 하나님과 연합하면 그분의 뜻이 나의 뜻이 됩니다. 또한 나의 뜻이 하나님의 뜻이 됩니다. 하나님의 말씀이 달디 달아 그 말씀을 이루어 가는 것이 기쁨이 됩니다. 자유로움이 됩니다. 내려놓음이 자유롭고 자유의지가 하나님의 뜻이 되는 모습을 그려봅니다.

이제는 너희가 죄로부터 해방되고 하나님께 종이 되어 거룩함에 이르는 열매를 맺었으니 그 마지막은 영생이라.(로마서 6:22)

열넷. 절제

오직 성령의 열매는 사랑과 희락과 화평과 오래 참음과 자비와 양선과 충성과 온유와 절제니 이 같은 것을 금지할 법이 없느니라.(갈라디아서 5:22-23)

성령의 여러 가지 열매 중에 절제가 있습니다. 어린 아이들을 키우다 보면 절제가 얼마나 큰 성숙의 열매인지를 쉽게 알 수 있습니다. 아이들에게 절제를 요구하는 것은 쉽지 않습니다. 절제력이 있는 아이의 모습을 볼 때 정말 흐뭇하고 사랑스럽습니다.

우리 첫딸은 어린 나이에도 절제력이 있는 모습을 종종 보여주지만 둘째아들은 아직 그런 모습을 보기가 쉽지 않습니다. 우유과자를 3개를 주든 4개를 주든 계속 줘도 더 달라고 합니다. 신앙이 성장하면서 여러 가지 성령의 열매를 맺게 됩니다. 절제는 그 열매 중 하나입니다. 어린 아이의 신앙에서 성숙한 어른의 신앙으로 자라면서 주님이 가라고 하실 때와 멈추라고 하실 때 그 말씀에 순종하며 따르는 것이 얼마나 큰 사역인가를 느끼게 됩니다.

어떤 일을 진행하다가 갑자기 성령님께서 막으실 때가 있습니다. 그 일을 추진하는 것이 맞다, 틀리다 와는 별개의 문제로 제게 절제를 요구하실 때가 있습니다. 절제가 없는 마음은 탐심이 됩니다. 그것은 결과적으로 어떤 결론이 나오든 나쁜 열매를 맺는 씨앗이 될 수 있기 때문에 조심해야 합니다.

주님 말씀하시면 내가 나아가리다.

주님 뜻이 아니면 내가 멈춰서리다.

나의 가고 서는 것 주님 뜻에 있으니

오 주님, 나를 이끄소서.

【에필로그】

기도제목

저의 동역자들과 환자 분들, 감동이 오는 분에게 나누어 드리는 기도제목입니다. 이 책을 읽으시는 당신에게 기도를 부탁드립니다.

1. 아내가 나의 동역자이자 후원자가 되고
   아내와 연합하여 하나님의 일을 행하며
   가정이 행복하기를 소망합니다.
   예수한의원 식구들이 연합하여 하나가 되고
   하나님의 일을 행하며
   각 가정이 행복하기를 소망합니다.

2. 이사야 60장 말씀대로 물질을 부으사
   하나님의 일에 놀랍도록 쓰임 받기를 소망합니다.

3. 저에게 놀라운 치유의 역사가 일어나 바울처럼 손수건 만 닿아도 병이 낫는 역사가 나타나서 많은 이들이 치료 하시는 하나님을 체험하기를 소망합니다.

4. 예수한방병원과 예수병원이 세계 최고의 병원이 되기를 소망합니다.

5. 수많은 영혼 추수의 통로가 되기를 소망합니다.

이 책을 읽는 모든분들에게
하나님의 축복이 임하길 기도합니다.

나는 너희를 치료하는 여호와임이라.(출애굽기 15:26)

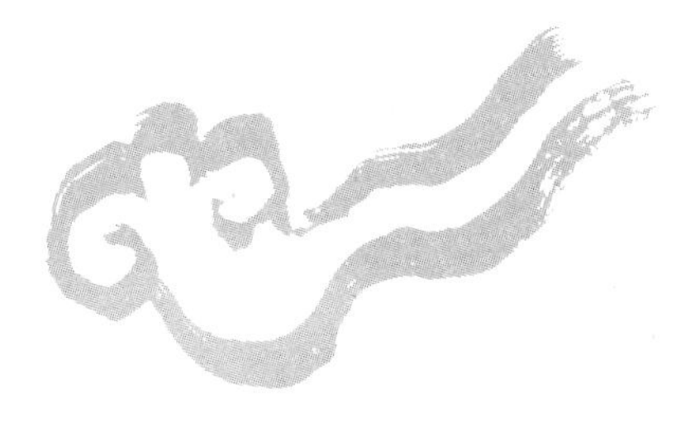

예수한의원 _ 모든 것을 치료하시는 하나님

초판1쇄 발행 2011.4.16

지은이 최동환
펴낸이 방주석
영업책임 곽기태
디자인 전찬우

펴낸곳 베드로서원
주소 (우)110-740 서울 종로구 연지동 136-56 기독교연합회관 1309호
전화 02)333-7316 | 팩스 02)333-7317
이메일 peterhouse@paran.com
홈페이지 www.peterhouse.co.kr

출판등록 2010년 1월 18일(제59호) / 창립일(1988년 6월 3일)
ISBN 978-89-7419-291-4 03230
책값 뒤표지에 있습니다.

베드로서원은 말씀과 성령 안에서 기도로 시작하며
영혼이 풍요로워지는 책을 만드는 데 힘쓰고 있으며,
문서선교 사역의 현장에서 세계화의 비전을 넓혀가겠습니다.

나의 힘이신 여호와여 내가 주를 사랑하나이다(시 18:1)